O Dezoito de Brumário de Luís Bonaparte

Karl Marx

O Dezoito de Brumário de Luís Bonaparte

Introdução, preparação e notas de Sabrina Fernandes

Tradução de Leandro Konder e Renato Guimarães

1ª edição

PAZ & TERRA
Rio de Janeiro
2023

Copyright © Editora Paz e Terra, 2023

Projeto gráfico de miolo: Abreu's System
Projeto gráfico de capa: BR75 | Luciana Aché
Título do original: *Der achtzehnte Brumaire des Louis Bonaparte*

Direitos de tradução da obra em língua portuguesa no Brasil adquiridos pela EDITORA PAZ E TERRA. Todos os direitos reservados. Nenhuma parte desta obra pode ser apropriada e estocada em sistema de bancos de dados ou processo similar, em qualquer forma ou meio, seja eletrônico, de fotocópia, gravação etc., sem permissão do detentor do copyright.

EDITORA PAZ & TERRA
Rua Argentina, 171 – Rio de Janeiro, RJ – 20921-380 – Tel.: (21) 2585-2000.

Seja um leitor preferencial Record.
Cadastre-se no site www.record.com.br
e receba informações sobre nossos lançamentos e nossas promoções.

Atendimento e venda direta ao leitor:
sac@record.com.br

Este livro foi revisado segundo o Acordo Ortográfico da Língua Portuguesa de 1990.

Dados Internacionais de Catalogação na Publicação (CIP)
(Câmara Brasileira do Livro, SP, Brasil)

M355d   Marx, Karl, 1818-1883
       O Dezoito de Brumário de Luís Bonaparte / Karl Marx ; organização Sabrina Fernandes ; tradução Leandro Konder, Renato Guimarães. – 1. ed. – Rio de Janeiro : Paz e Terra, 2023.

       "Introdução, preparação e notas de Sabrina Fernandes."
       Tradução de: Der achtzehnte Brumaire des Louis Bonaparte
       ISBN 978-65-5548-100-6

       1. França – História – Golpe de Estado, 1851.
       2. França – História – Revolução de fevereiro, 1848.
       3. França – História – Segunda República, 1848-1852.
       I. Fernandes, Sabrina. II. Konder, Leandro.
       III. Guimarães, Renato. IV. Título.

23-86311   CDD: 944.07
                    CDU: 94(44)"1848/1852"

Gabriela Faray Ferreira Lopes – Bibliotecária – CRB-7/6643

Impresso no Brasil
2023

SUMÁRIO

Introdução de Sabrina Fernandes	7
Prefácio de Karl Marx para a segunda edição alemã	29
Prefácio de Friedrich Engels para a terceira edição alemã	35
Nota da preparação de texto de Sabrina Fernandes	41
O Dezoito de Brumário de Luís Bonaparte	43
I	45
II	63
III	83
IV	109
V	127
VI	157
VII	189
Apêndices	213
Cronologia de eventos	215
Biografias dos principais personagens citados	223

INTRODUÇÃO DE
SABRINA FERNANDES

O Dezoito de Brumário de Luís Bonaparte é uma das obras mais célebres de Karl Marx, não somente porque analisa em detalhes precisos as ações contrarrevolucionárias da época na França, e como foi criado terreno fértil para o hegemônico projeto golpista de Luís Bonaparte, mas também porque demonstra, na prática, como interpretar o mundo a partir do método marxista. Tal método, obviamente, ainda não era nomeado dessa forma na data de sua publicação, mas Karl Marx e Friedrich Engels já discutiam os fundamentos de uma concepção materialista da história. No decorrer de *A ideologia alemã*, escrito entre 1845 e 1846, os autores discutem o que diferencia seres humanos de outros animais na natureza, em especial como, conscientes de si, os humanos criam os meios de sua própria subsistência. Essa criação não é ilimitada, mas condicionada por outros fatores, entre outros, os físicos. Porém, os seres humanos são capazes de intervir na realidade e na sua própria vida material. O materialismo histórico e dialético, portanto, considera desde as bases naturais até os diferentes episódios de transformação da história devido à ação humana.

O DEZOITO DE BRUMÁRIO

Marx escreve *O Dezoito de Brumário* entre 1851 e 1852 — no calor do golpe de Bonaparte — para a revista *Die Revolution* [A Revolução], editada por seu amigo Joseph Weydemeyer. O objetivo da revista era informar sobre o estado da luta de classes e fornecer uma análise dos acontecimentos na França. Isso permitiria uma percepção mais aguçada das ações de indivíduos influentes nas instituições políticas ao mesmo tempo que o contexto anunciava uma série de levantes populares na Europa. Não devemos nos esquecer que apenas alguns anos antes Marx e Engels haviam declarado, em *O manifesto comunista*, que o espectro do comunismo rondava a Europa. Assim, era de imenso valor compreender como e por que, embora a Revolução Francesa de 1848 tenha derrubado a Monarquia de Julho, as contínuas insurreições populares e atos de resistência seriam suprimidos ao ponto de Luís Bonaparte ter seu golpe validado em referendo. *O Dezoito de Brumário de Luís Bonaparte* foi publicado no primeiro semestre de 1852, antes que Bonaparte fosse novamente referendado pelo sufrágio masculino, dessa vez levando à sua coroação como imperador Napoleão III. A compreensão da construção de hegemonia por Bonaparte, quando até mesmo seus aliados o julgavam facilmente manipulável ou fraco, oferece o outro lado da moeda ao espírito agitador de *O manifesto comunista*. O comunismo se faz presente no acirramento das lutas de classe, no anseio por emancipação da classe trabalhadora e nas orientações de suas organizações. São essas orientações, por sua vez, que se beneficiam de imediato do aprendizado sobre a contrarrevolução, os acordos parlamentares, as articulações

INTRODUÇÃO DE SABRINA FERNANDES

internacionais e as ambições de castas políticas que se apresentam ao lado do povo para defender interesses particulares.

Se no *Manifesto* identificamos a importância do movimento comunista, em *O Dezoito de Brumário*, Marx alerta para o fato de que não há profecias nem acasos. Em sociedade, não devemos ser fatalistas ou passivos, tampouco devemos acreditar que basta força de vontade ou uma mudança de mentalidade para que objetivos sejam alcançados. Na análise da história, sobretudo no que diz respeito a acontecimentos políticos que impactam a maioria da população ou ecossistemas inteiros, é preciso fugir da tentação de atribuir a uma pessoa ou a um pequeno grupo poderes excepcionais, quase que divinos. Por outro lado, erra também quem isenta as pessoas de agência para focar na inevitabilidade dos fatos e no poder inescapável de forças externas. A trama complexa que Marx desenrola de maneira impressionante em *O Dezoito de Brumário* — afinal, é especialmente difícil se agarrar aos fatos enquanto estão ainda em desenvolvimento — ensina como olhar para o mundo a partir do materialismo histórico e dialético e os benefícios de fazê-lo. Trata-se de uma visão que não foge das contradições que são postas, mas prefere confrontá-las como desafios a serem resolvidos. Se parte do povo se levanta contra uma monarquia e, poucos anos depois, parte do povo apoia o retorno a outro autoritarismo, não é razão para se chocar e sim para buscar desvendar as causas das contradições, desde mudanças em composição social, a identificação dos envolvidos em cada momento, os discursos mais prevalentes na época, o estado dos meios de subsistência

O DEZOITO DE BRUMÁRIO

e as crises diversas, e, claro, que elementos da realidade hoje são moldados ou se assemelham com outros momentos da história. Daí a importância de um dos trechos mais conhecidos de *O Dezoito de Brumário*: "Os seres humanos fazem sua própria história, mas não a fazem de sua livre vontade; não a fazem sob circunstâncias de sua escolha e sim sob aquelas diretamente existentes, dadas e herdadas do passado" (p. 46).

Isso implica que um caminho emancipatório global não parte de uma fórmula mágica, absoluta e imutável a ser seguida — o que não significa abandonar a teoria e o debate de ideias. Pelo contrário, o método marxista permite sensibilidade a fatos até mesmo dados sem importância ou confusos, mas que permitem explicar melhor a história quando colocados em contexto. Aqui, Marx observa contradições nos processos históricos da França e naqueles que testemunha enquanto escreve o texto. Assim, é capaz de ressaltar a complexidade das relações políticas no parlamento, seja na Assembleia Constituinte ou Legislativa, seja na maneira como Luís Bonaparte age, como se quisesse expandir a participação popular apenas para usá-la para seus anseios mais autoritários. Deixa claro que seres humanos fazem suas próprias escolhas, mas também mudam de ideia; fazem suas próprias escolhas, mas são impedidos de executá-las; fazem suas próprias escolhas, mas agem em contradição consciente ou são forçados pelas condições materiais.

A peleja ao redor do sufrágio universal masculino, ou seja, do direito de todos os homens votarem, merece atenção nesse sentido (parte IV). Quando, em 1850, Luís Bonaparte defende

INTRODUÇÃO DE SABRINA FERNANDES

o sufrágio universal masculino, no lugar do mais excludente sufrágio censitário reintroduzido pela burguesia, aparenta ser mais democrático que seus oponentes no Partido da Ordem — apoia, afinal, uma bandeira crucial da Revolução de Fevereiro de 1848. Seu objetivo, porém, é demonstrar força para que sua proposta de reforma seja aprovada, o que garantiria seu direito à reeleição. Quando sua reforma falha, opta pela construção do golpe e obtém êxito. Com os poderes do golpe, restabelece o sufrágio universal masculino, que, por sua vez, serve de ferramenta para a validação do golpe em um referendo que mantém a autoridade de Luís Bonaparte para fazer uma nova constituição. Através do voto, a oposição de Bonaparte no parlamento é silenciada e destituída. Através do voto, Bonaparte se torna cada vez mais poderoso. É também através do voto que Bonaparte se torna o imperador Napoleão III em dezembro do mesmo ano. Embora Marx tenha relatado em *O Dezoito de Brumário* os acontecimentos decorrentes apenas até fevereiro de 1852, sua aplicação do método materialista da história lhe permite enxergar nessas supostas contradições de Bonaparte os diversos cálculos políticos dos principais atores em questão, a ponto de declarar já em dezembro de 1851 a "vitória de Bonaparte. Paródia de restauração do império" (p. 187).

Ainda sobre a constatação de como seres humanos fazem a sua própria história, a discussão sobre circunstâncias, ou condições, é fundamental para a compreensão de que não basta desejar que processos revolucionários ocorram e da necessidade de educar e politizar, mas também de ir além. As tarefas políticas exigem a construção de meios para a realização dos objetivos traçados. É possível conscientizar trabalhadores de seu estado de exploração pelos capitalistas, mas para ir além de frases de ordem de impacto é preciso fortalecer ferramentas organizativas, garantir que a militância envolvida tenha acesso a, ao menos, níveis de subsistência que permitam dedicar-se à luta, assim como priorizar as próprias condições de preservação e reprodução da vida. No caso, sabemos o quão traiçoeiro é imaginar que a luta contra a mudança climática possa ser postergada para depois da revolução. Se a crise ecológica se acirra hoje, ela já afeta negativamente o acesso a alimentos, a empregos decentes, à moradia digna, e muito mais. O aumento em número e intensidade de eventos climáticos extremos, seja as ondas de calor que colocam em risco a saúde dos mais vulneráveis e de trabalhadores com função ao ar livre, seja as chuvas torrenciais que alagam cidades e arrastam infraestrutura ao redor do mundo, demonstra o quão fundamental é o exercício de reavaliar o modo de produção e não apenas no sentido dos donos dos meios de produção e a lógica da acumulação infinita e lucro. É preciso questionar o que se produz, por qual razão, para quem, com que materiais, e como se dá toda a cadeia produtiva, da extração ao descarte. Portanto, o ato de fazer a própria história hoje, em que comunistas organizados pautam um horizonte radical de ruptura com o capitalismo, significa adaptar as tarefas capitalistas às condições adversas da mudança climática.

Muitos anos após escrever *O Dezoito de Brumário*, Marx, em seu preparo para o que viria a ser o volume III de *O capital*, constatou os danos no ciclo metabólico da natureza quanto à fertilidade do solo no processo de separação entre campo e

INTRODUÇÃO DE SABRINA FERNANDES

cidade sob o capitalismo. A ruptura metabólica, nota-se hoje em dia, está por todas as partes e afeta as condições para a emancipação dos povos oprimidos. É por isso que movimentos sociais do campo na América Latina, sobretudo no Brasil, já não falam apenas em ampliar a reforma agrária. Redistribuir terras não é mais suficiente. É preciso atacar a grande desigualdade do campo, ao mesmo tempo que se muda a forma de produzir nesse espaço junto a outra relação comercial com os consumidores finais. No Brasil, o Movimento dos Trabalhadores Rurais Sem Terra (MST) discute, por isso, o imperativo de uma reforma agrária também agroecológica, também feminista, também popular. A Teia dos Povos, que articula comunidades e territórios, tem como um de seus fundamentos a preservação e uso de sementes crioulas como resistência ao projeto homogeneizador do agronegócio e resiliência às condições adversas da crise ecológica que já exige adaptar como plantamos e o que comemos. Tal entendimento das condições formadas e herdadas pelo sistema capitalista não basta, é preciso também agir a partir dele, norteando a estratégia política e informando a ação; ou seja, construindo uma práxis revolucionária, onde teoria e prática se alimentam e retroalimentam de acordo com as transformações ocorridas no passado e no presente. Ainda sobre a visão da Teia dos Povos, os militantes Ademir Antônio e Erahsto Felício explicam que as mudanças climáticas "tendem a se aprofundarem caso não exista uma intervenção socialista que freie esse avanço sobre o que ainda resta de bens comuns e que venha no sentido de restaurar ecossistemas, e reconectar os povos com suas terras,

O DEZOITO DE BRUMÁRIO

suas florestas, suas águas e seus territórios".* A estratégia política moldada a partir do materialismo histórico não pode ser fixa e imutável. Se redigida a partir do status dos bens comuns e dos ecossistemas à época de Marx ou baseando-se em especulações sobre avanços tecnológicos (alguns quase que miraculosos ou dignos de ficção científica) no futuro, a estratégia falhará em sua intervenção por partir de condições nada mais que imaginárias. A "análise concreta da situação concreta" definida por Lenin como a alma viva do marxismo implica compreender a realidade dentro do seu contexto histórico e fazê-lo a partir do todo da sociedade.[†] Não se pode escolher quais elementos privilegiamos na análise e quais ignoramos ou excluímos como se fizéramos um experimento em condições laboratoriais controladas. Daí o grande desafio da nossa época: a análise concreta inclui cada vez mais variáveis, em relações cada vez mais complexas e em status quase permanente de crise e imprevisibilidade.

O perigo da farsa

Erroneamente, acredita-se que a crise é um fenômeno excepcional. A normalidade seria o período de estabilidade e progressão que é eventualmente interrompida por crises que

---

* Erahsto Felício e Ademir Antônio, "Reflexões sobre uma agricultura de guerra feita no Brasil", *Teia dos Povos* (blog), 15 dez. 2020.

† Vladimir Ilitch Lenin, *KOMMUNISMUS: Journal of the Communist International For the Countries of South-Eastern Europe*, 1920.

INTRODUÇÃO DE SABRINA FERNANDES

seriam fruto de combinações raras de fatores. O economista marxista Kuruma Samezō resumiu a compreensão de Marx sobre crise da seguinte maneira:

> Como a crise é a explosão concentrada de todas as contradições da produção capitalista, para entender concretamente a crise como tal, é preciso primeiro desdobrar todas as contradições da produção capitalista de acordo com suas relações internas, e assim o significado de cada contradição como um momento dentro da totalidade deve ser elucidado, e então em seguida deve-se esclarecer por quais processos elas passam e em que sentido elas devem explodir de forma concentrada.[*]

Se as contradições são parte da operação normal do sistema capitalista, as crises também são. Embora não seja possível prever crises em detalhe, afinal o materialismo histórico e dialético é método e não "futurologia", o estudo contínuo das condições herdadas pelo passado torna possível delinear tendências e traçar caminhos alternativos ao sistema. Isso significa que crises não são excepcionais, mas exigem sim soluções excepcionais. No contexto de *O Dezoito de Brumário*, Marx ensina que a grande tragédia, agora repetida como farsa, ocorre em meio a contínuas crises políticas e econômicas e levantes revolucionários onde a luta de classes aparece capturada pelo

---

[*] Kuruma Samezō, "An Overview of Marx's Theory of Crisis", *Journal of the Ohara Institute for Social Research*, ago. 1936. Tradução do japonês para o inglês de Michael Schauerte. Tradução do inglês para o português de Sabrina Fernandes.

O DEZOITO DE BRUMÁRIO

efeito normalizador da institucionalidade parlamentar da Assembleia Nacional e do próprio executivo. No meio teatral, a farsa compreende peças dramáticas onde os personagens se encontram em situações absurdas e exageradas. A paródia de Luís Bonaparte ao seu tio Napoleão Bonaparte não é acidental. Seu golpe em 2 de dezembro de 1851 acontece no aniversário da coroação de Napoleão I em 1804. Na mesma data, agora em 1852, Luís Bonaparte também é coroado imperador, declarado Napoleão III. O golpe de Napoleão Bonaparte, em 1799, exala enganação e poder militar sob a capa de herói de guerra. Já o golpe de Luís Bonaparte, apesar de também conter elementos de um *golpe dentro de outro golpe*, é executado por um líder muito menos poderoso em sua trajetória política, mas que consegue se aproveitar de fraquezas alheias e das janelas de oportunidade deixadas pela crise do próprio movimento revolucionário na Europa, seja no definhamento da Revolução de Fevereiro de 1848, seja na própria intervenção francesa na Itália em apoio ao papa.

Em 1965, Herbert Marcuse escreveu, em seu epílogo à edição de *O Dezoito de Brumário*, que a repetição da tragédia como farsa não deveria ser lida como uma mera alteração à cópia. Preocupado com o então declínio do movimento socialista e as consequências do fascismo, afirmou que "a farsa é mais terrível que a tragédia que segue".* Enquanto o autoritarismo de Napoleão I é quase inerente à sua atuação como

---

* Herbert Marcuse, "Epilogue to the New German Edition of Marx's 18th Brumaire of Louis Napoleon," *Radical America 3*, n. 4, 1969. Tradução de Sabrina Fernandes.

INTRODUÇÃO DE SABRINA FERNANDES

comandante militar e à aclamação como herói das guerras revolucionárias (quando a França se encontrou em conflito armado com diversas outras monarquias europeias no desenrolar da Revolução Francesa), o autoritarismo de Napoleão III se consolidou através da validação do sufrágio. Eis aqui o grande desafio de separar forma e conteúdo ao analisarmos ferramentas ditas democráticas, o que permite olharmos brevemente para algumas das farsas autoritárias recentes.

A aparente contradição de experiências autoritárias e conservadoras do século XXI se dá não somente na eleição de líderes antidemocráticos através de sistemas e calendários eleitorais da democracia liberal, mas também, principalmente, na confusão gerada por essas mesmas figuras que, dizendo defender a democracia, tramam para enfraquecê-la ou derrubá-la de vez. Aqui, a correção de Marcuse serve de alerta. Luís Bonaparte surgiu como uma figura quase que trivial diante do legado estrondoso de seu tio. Ele se colocou como herdeiro do império através da oportunidade concedida pela morte precoce de Napoleão II, herdeiro direto do trono imperial, em 1832. Luís Bonaparte ascende à política não como sucessor declarado, não como ator político glorioso e habilidoso. Pelo contrário, era considerado por seus aliados uma figura facilmente manipulável, sem que pudesse apresentar ameaça própria aos seus planos, também golpistas. Não contavam, todavia, que em algum momento Bonaparte aprenderia a usar suas próprias ferramentas contra eles. A cada vez que excitavam o apelo popular contra as assembleias nacionais, a fim de desequilibrar as forças internas e reprimir a oposição, ensinavam também Bonaparte a fazer o mesmo. Como escreve Marx na parte II desta obra: "Bonaparte, ocupado com sua ideia fixa napoleônica, foi suficientemente atrevido para explorar publicamente essa degradação do poder parlamentar" (p. 81). Isso permite que Bonaparte se aproveite do golpe da Assembleia contra o sufrágio universal masculino para articular seu próprio golpe *em nome* do povo. A aspiração bonapartista era, portanto, de combinar uma versão própria de soberania popular através do sufrágio e referendos com a afirmação de sua autoridade imperial, um imperador "executor da vontade do povo".* A cada crise parlamentar, a cada oportunidade que os partidos dentro da Assembleia encontravam de destruir-se uns aos outros, Bonaparte se destacava como um protetor dos interesses populares que estava acima dessa dinâmica.

São instâncias em que a farsa se constrói no absurdo, na extravagância, no uso da aparência da defesa da democracia para destruir pilares democráticos, mesmo os mais limitados e formais, que encontramos nossos paralelos atuais. No Brasil, Jair Bolsonaro foi eleito em 2018 após ter sido subestimado por vários anos como um deputado federal cômico de tão absurdo, pouco habilidoso e polêmico demais para crescer em apelo popular. Porém, a conjuntura apresenta o que Thiago Canettieri caracteriza como o "sujeito político emergente" de junho de 2013 — marco histórico que expõe a crise da democracia liberal no Brasil — e é oposto ao "sujeito reati-

---

* Michael Rapport, *1848: Year of Revolution*, Nova York, Basic Books, 2009, p. 327.

INTRODUÇÃO DE SABRINA FERNANDES

vo", desejoso da ordem, no fortalecimento da extrema direita encabeçada pelo fenômeno bolsonarista.[*] Bolsonaro não foi eleito herdeiro indireto de um imperador autoritário, mas à sua maneira, herdeiro indireto do projeto autoritário mais desestabilizador e institucionalmente violento da história recente no país: a ditadura militar que se inicia com o golpe de 1964.

Ainda que a presidência de Bolsonaro tenha sido marcada por diversos episódios de incompetência, é um erro fatal resumir um projeto autoritário, violento, perigoso, capitalista e de degradação social às ações de um bufão inepto para o cargo. A articulação da burguesia brasileira, por trás de seu candidato, permite que ele misture a defesa das urnas que o elegeram com o ataque às urnas que consequentemente elegeriam Luís Inácio Lula da Silva, seu principal oponente, presidente pela terceira vez. Bolsonaro, ao mobilizar a ultrapolítica[†] a seu favor, criou a impressão de apenas duas escolhas: a ordem ou a desordem, seu Brasil patriota e cristão (fundamentalista) contra o Brasil de um Inimigo imaginário destruidor de famílias e valores, cuja imagem a direita brasileira associa à esquerda e ao Partido dos Trabalhadores com muito sucesso.

---

[*] Thiago Canettieri, "Mudanças recentes na gestão da barbárie no Brasil: violência e fundamentalismo", *Revista Espaço Acadêmico*, n. 223, 2020.

[†] *Ultrapolítica*: fenômeno de despolitização que reduz a esfera política a uma batalha quase que militar entre o bem e o mal, onde o Inimigo é construído a partir de medos e circuitos de ódio, impedindo/atrapalhando a mobilização de antagonismos materiais reais. *Ver* Sabrina Fernandes, *Sintomas mórbidos: a encruzilhada da esquerda brasileira*, São Paulo: Autonomia Literária, 2019.

Usando o aparato do Estado para seus interesses, conseguiu se manter no poder por um mandato inteiro de quatro anos e perder por pouco a sua reeleição.

Crises que geram crises

Na América Latina, crise e golpe são constantes, com conteúdo variado e adaptado às condições do momento. O Plano Condor, executado pelos Estados Unidos para intervir e desestabilizar forças de esquerda no Brasil, Chile, Argentina, Paraguai e Uruguai, envolveu operações militares clandestinas, o emprego de ferramentas de tortura e desaparecimento, a articulação e apoio a golpes de Estado bastante explícitos desde a década de 1960. Outras tentativas de golpes explícitos seriam feitas anos depois, mesmo após esforços militantes e populares de preservar a memória de quão nefastas foram as ditaduras apoiadas pelo imperialismo estadunidense na região como um todo. Na Venezuela, o governo de Hugo Chávez foi marcado por tais intervenções que, na mídia estrangeira, eram caracterizadas como dever moral dos Estados Unidos de levar *democracia* contra os esforços socialistas. Na Bolívia, em 2019, o golpe de Estado é possibilitado e legitimado pela dúvida imposta pela Organização dos Estados Americanos (OEA), notoriamente dominada pelos Estados Unidos, sobre os votos recebidos pelo ex-presidente Evo Morales. Posteriormente, um relatório divulgado pelo Center for Economic and Policy Research demonstrou que um método de análise

INTRODUÇÃO DE SABRINA FERNANDES

equivocado foi utilizado para alegar fraude, desestabilizando de imediato a declaração de vitória eleitoral e facilitando o golpe de Jeanine Añez.[*]

Quando tais métodos de intervenção falham, o uso de figuras um tanto quanto bonapartistas ainda se prova eficaz. Se subestimar Jair Bolsonaro no Brasil foi um grande erro, a Argentina enfrenta um desafio similar quando Javier Milei, também controverso deputado da extrema direita, ganha apoio popular sob o manto de ser "antissistema". Em 1851, o sistema quebrado que Luís Bonaparte tinha que corrigir, e para tal alegava a necessidade de poderes autoritários, era o da Assembleia que havia atentado contra o sufrágio nacional masculino. No século 21, a extrema direita dita antissistema se aproveita da normalização que a própria esquerda hegemônica faz das instituições da democracia liberal. Se a história imprime condições materiais ao nosso presente, ela também deixa lições. Não basta que a esquerda defenda em teses pautas democráticas e emancipatórias se não souber cuidar delas, se não souber inclusive impô-las sobre a conjuntura. O argumento de que certas demandas não podem ser feitas porque simplesmente não há correlação de forças favorável abre um vazio de mobilização que facilita a distorção e apropriação dessas pautas para fins autoritários.

Como tais crises políticas se dão em um contexto cada vez mais complexo, entrelaçadas a outros tipos de crise que

---

[*] Dan Beeton, "New Report Debunks Claims That Bolivia's Equivalent of the US Electoral 'Blue Shift' Must Be Fraudulent," *Center for Economic and Policy Research* (blog), 10 nov. 2022.

O DEZOITO DE BRUMÁRIO

se acirram, se potencializam e, assim, tornam a realidade cada vez mais imprevisível, a responsabilidade de impedir o surgimento e consolidação de lideranças e projetos autoritários recebe então um contorno de tempo. Se as crises não apenas se somam, mas também alteram umas às outras, entender a situação concreta como *policrise* significa também a adição de um senso de urgência apurado às estratégias de resolução das crises. Guerras, pandemias, novas tecnologias, crises cíclicas do capital ao redor do mundo, escassez de recursos para a produção dominante, e a crise ecológica, entre outras, apressam a possibilidade de desastres e efeitos catastróficos com alto potencial de colapso planetário. Por isso, reformular é preciso.

A crise ecológica é parte do contexto de condições herdadas do passado, o que restringe velhas opções e demanda a reformulação de perspectivas dentro do marxismo sobre desenvolvimento, expansão industrial, dependência, anti-imperialismo e soberania. Não é mais viável imaginar um socialismo baseado na crescente exploração do petróleo simplesmente porque as condições que herdaremos caso falhe uma transição energética justa serão extremamente desvantajosas para a garantia de uma vida saudável para bilhões de pessoas. Uma análise a partir do materialismo histórico e dialético permite, desse modo, fazer ajustes de percurso e, consequentemente, avaliar seus resultados para novos ajustes.

A crise da democracia, ou seja, os constantes riscos de deterioração de liberdades democráticas e de ataques frontais com a derrubada de regimes e substituição por outros, autoritários, pede que nos atentemos tanto à renúncia de pautas

INTRODUÇÃO DE SABRINA FERNANDES

quanto ao problema da memória. Luís Bonaparte alcançou com sucesso o seu objetivo de construir sua imagem restaurando a do tio imperador, tanto que restabeleceu em 1852 o dia 15 de agosto, aniversário de Napoleão I, como feriado nacional na França. O revisionismo histórico que circula em países como Brasil, Chile e Argentina quanto ao seu passado de ditaduras militares permite que a atual extrema direita construa sua própria imagem em semelhança a um passado fabricado. A estratégia política de combate a esses processos envolve reconstruir a memória das tragédias, assim como enfatizar que o autoritarismo em nova roupagem apresenta riscos especialmente catastróficos nas condições atuais. De fato, crises da democracia podem ser instauradas pelas próprias contradições do capital — e do próprio sistema democrático atual que carrega em si a concentração de influência do poder econômico — que facilita o caminho de forças fascistas de modo a proteger os interesses das elites em um mundo cada vez mais incerto.

De alguma maneira, a tendência às crises, em especial como a crise da democracia se insere em outras crises, pode ser classificada através do que o filósofo Kojin Karatani nomeia como "compulsão por repetição histórica". Para Karatani, tentar resolver essa repetição dentro das mesmas formas políticas é uma tarefa fadada ao fracasso.[*] A corrida contra o tempo para impedir que as condições materiais piorem com

---

[*] Kōjin Karatani, *History and Repetition*, organização de Seiji M. Lippit, Coleção Weatherhead Books on Asia, Nova York, Columbia University Press, 2012, p. 16. Tradução de Sabrina Fernandes.

O DEZOITO DE BRUMÁRIO

crises ecológicas e sanitárias, ou com uma expansão mundial do aparato de guerra, é uma corrida rumo à possibilidade de construir futuros mais animadores antes de um colapso generalizado. Nunca antes foi tão urgente romper com o ciclo de repetição histórica do autoritarismo e da piora das condições que herdaremos.

Embora Marx tenha escrito *O Dezoito de Brumário de Luís Bonaparte* no calor dos acontecimentos, a obra transcende o objeto de análise e é semente para o método que expõe os limites da democracia burguesa e da tentativa de impedir o avanço autoritário utilizando-se somente das ferramentas e da defesa dessa mesma democracia burguesa. Nos ensina sobre os limites de tentar impedir o acirramento da crise ecológica através do mesmo capitalismo que gera a destruição da natureza como requisito de produção, apenas repaginando-o como capitalismo verde. Explica a dificuldade de lutar contra uma pandemia, quando o sistema sanitário global estrutura a saúde como mercadoria, protegendo vacinas e medicamentos sob o manto da propriedade privada das grandes corporações. Assim, como evitaremos mais guerras sem questionarmos uma ordem global que toma recursos e territórios para garantir a expansão produtiva e o acesso a novos mercados?

A olho nu, a lição de Marx em *O Dezoito de Brumário* é sobre a fragilidade de processos democráticos meramente institucionais diante de projetos políticos que se alimentam dos resquícios de poder do passado. Mas se olharmos mais de perto, como esperamos que cada leitor e leitora possa fazer hoje em dia, a preocupação da análise de Marx à sucessão de fatos

INTRODUÇÃO DE SABRINA FERNANDES

na França — e como as condições para virar o jogo mudam com a história — torna imprescindível o uso do materialismo histórico e dialético para identificar e analisar a forma e o conteúdo de todas as demais crises, das mais antigas às geradas por condições mais recentes. E nada, absolutamente nada disso, pode ser feito sem a análise concreta da situação concreta e suas condições históricas. Nas palavras de Marta Hanecker:

> Por isso, quem não conhecer profundamente seu país, suas tradições históricas, a dinâmica do desenvolvimento de suas classes sociais, as formas que o enfrentamento entre as classes adota no momento e, por último, o estado de ânimo da vanguarda e das amplas massas populares, não pode imprimir uma direção política justa à luta revolucionária, capaz de conduzi-la à vitória.[*]

Se os seres humanos fazem a própria história, mas sob as condições herdadas do passado, cabe a nós conhecermos o passado para informar a práxis que poderá mudar hoje as condições que herdaremos no futuro.

---

[*] Marta Harnecker, *Estratégia e tática*, São Paulo: Expressão Popular, [e-book], 2023, s/p.

Vorwort.

Mein zu früh verstorbener Freund Joseph Weydemeyer*) beabsichtigte vom 1. Januar 1852 an eine polit sche Wochenschrift in New-York herauszugeben. Er forderte mich auf, für dieselbe die Geschichte des coup d'état zu liefern. Ich sch.ieb ihm daher wöchentlich bis Mitte Februar Artikel unter dem Titel: „Der achtzehnte Brumaire des Louis Bonaparte". Unterdeß war Weydemeyer's ursprünglicher Plan gescheitert. Dagegen veröffentlichte er im Frühling 1852 eine Monatsschrift: „Die Revolution", deren zweites Heft aus meinem „Achtzehnten Brumaire" besteht. Einige hundert Exemplare davon fanden damals den Weg nach Deutschland, ohne jedoch in den eigentlichen Buchhandel zu kommen. Ein äußerst radikal thuender deutscher Buchhändler, dem ich den Vertrieb anbot, antwortete mit wahrhaft sittlichem Entsetzen über solch „zeitwidrige Zumuthung".

---

*) Während des amerikanischen Bürgerkriegs Militärkommandant des Distrikts von St. Louis.

Reprodução de "Vorwort" [Prefácio], de Karl Marx, publicado na segunda edição alemã de *Der Achtzehnte Brumaire des Louis Bonaparte*, Hamburgo, Otto Meißner, 1869.

PREFÁCIO DE KARL MARX PARA A SEGUNDA EDIÇÃO ALEMÁ

Meu Amigo Joseph Weydemeyer,* morto prematuramente, pretendia editar um semanário político em Nova York a partir de 1º de janeiro de 1852. Convidou-me a escrever para esse semanário uma história do golpe de Estado. Enviei-lhe, por conseguinte, até meados de fevereiro, artigos semanais sob o título de *O Dezoito Brumário de Luís Bonaparte.*[†] Nesse ínterim fracassara o plano primitivo de

---

* Comandante militar do distrito de St. Louis durante a guerra civil americana. [Nota de Karl Marx]

† Charles-Louis Napoléon Bonaparte, ou Luís Bonaparte, cujo golpe de Estado e trajetória Karl Marx analisa no presente texto, foi também sobrinho e herdeiro do trono imperial de Napoleão Bonaparte (imperador dos franceses como Napoleão I). Luís Bonaparte passa a ser então Napoleão III, após o golpe bem-sucedido. O editor Joseph Weydemeyer escolheu como título original para a primeira edição "Der 18te Brumaire des Louis Napoleon" [O 18º de Brumário de Luís Napoleão]. É a partir de edições posteriores, como esta, de 1869, com prefácio de Marx incluso, que o título passa a se referir a Luís Bonaparte. Tal mudança é importante para a ênfase na especificidade bonapartista, por Marx, que também critica o uso de uma analogia a partir do cesarismo como imprópria para o caso francês. [Nota de Sabrina Fernandes]

O DEZOITO DE BRUMÁRIO

Weydemeyer. Em vez do semanário, surgiu, na primavera de 1852, uma publicação mensal, *Die Revolution*, cujo primeiro número consiste no meu *Dezoito Brumário*. Algumas centenas de exemplares foram, na época, introduzidos na Alemanha, sem, contudo, chegar a entrar no mercado de livros propriamente dito. Um livreiro alemão de pretensões extremamente radicais a quem ofereci a venda do meu livro ficou mui virtuosamente horrorizado ante uma "pretensão" tão "contrária à época".

Depreende-se dos fatos acima que o presente trabalho tomou forma sob a pressão imediata dos acontecimentos, e seu material histórico não vai além do mês de fevereiro de 1852. Sua reedição neste momento deve-se em parte à procura do mercado de livros e em parte a instâncias de meus amigos da Alemanha.

Das obras que trataram do mesmo assunto, mais ou menos na mesma época, apenas duas são dignas de nota: *Napoléon le Petit*, de Victor Hugo, e *Coup d'État*, de Proudhon.

Victor Hugo limita-se à invectiva mordaz e sutil contra o responsável pelo golpe de Estado. O acontecimento propriamente dito aparece em sua obra como um raio caído de um céu azul. Vê nele apenas o ato de força de um indivíduo. Não percebe que engrandece, ao invés de diminuir, esse indivíduo, atribuindo-lhe um poder pessoal de iniciativa sem paralelo na história do mundo. Proudhon, por sua vez, procura representar o golpe de Estado como o resultado de um desenvolvimento histórico

PREFÁCIO DE KARL MARX

anterior.* Inadvertidamente, porém, sua construção histórica do golpe de Estado transforma-se em uma apologia histórica do seu autor. Cai, assim, no erro dos nossos historiadores pretensamente *objetivos*. Eu, pelo contrário, demonstro como a luta de classes na França criou circunstâncias e condições que possibilitaram a um personagem medíocre e grotesco desempenhar um papel de herói.

Uma revisão do presente trabalho ter-lhe-ia roubado o colorido peculiar. Limitei-me, portanto, à mera correção de erros tipográficos e à eliminação de alusões que não seriam mais inteligíveis hoje em dia.

A frase final: "Mas quando o manto imperial cair finalmente sobre os ombros de Luís Bonaparte a estátua de bronze de Napoleão ruirá do topo da Coluna Vendôme", já se converteu em realidade.

O coronel Charras abriu o ataque contra o culto de Napoleão em seu trabalho sobre a campanha de 1815. Desde então, e especialmente nestes últimos anos, a literatura francesa pôs fim ao mito de Napoleão com as armas da pesquisa histórica, da crítica, da sátira e da ironia. Fora da França essa violenta ruptura com a crença tradicional do povo, essa tremenda revolução mental, tem sido pouco notada e, menos ainda, compreendida.

---

* Neste prefácio, Karl Marx busca localizar a originalidade de sua análise do golpe de Luís Bonaparte, ao mesmo tempo que enfatiza sua visão do sujeito e a ação humana dentro da história, buscando oferecer uma perspectiva científica dos eventos entre 1848 e 1851. O sujeito histórico não é um agente poderoso e absoluto, tampouco vítima da sucessão de fatos históricos que lhe absolveria de responsabilidade. [N. de S.F.]

O DEZOITO DE BRUMÁRIO

Finalmente espero que o meu trabalho possa contribuir para afastar o termo ora em voga, principalmente na Alemanha, do chamado, cesarismo.* Nesta analogia histórica superficial esquece-se o mais importante, ou seja, que na antiga Roma a luta de classes desenvolveu-se apenas no seio de uma minoria privilegiada entre os ricos cidadãos livres e os pobres cidadãos livres, enquanto a grande massa produtora, os escravos, formava o pedestal puramente passivo para esses combatentes. Esquece-se a significativa frase de Sismondi: "O proletariado romano vivia às expensas da sociedade, enquanto a sociedade moderna vive às expensas do proletariado." Com uma diferença tão cabal entre as condições materiais e econômicas das lutas de classe antigas e modernas, as formas políticas produzidas por elas hão de ter tanta semelhança entre si como o Arcebispo de Canterbury e o Pontífice Samuel.

Karl Marx
Londres, 23 de junho de 1869

---

* Cabe a ressalva de que apesar da insistência de Marx em separar categoricamente os fenômenos de cesarismo e bonapartismo, especialmente porque considera o primeiro mais descritivo que conceitual, ele não faz uso direto do termo bonapartismo (apenas a bonapartistas, os partidários/apoiadores do projeto político dos Bonaparte). Além disso, contrário à sua distinção, historicamente outros marxistas fizeram e ainda fazem uso aproximado de ambos neologismos para análises políticas. *Ver* Francesca Antonini, Caesarism and Bonapartism in Gramsci: Hegemony and the Crisis of Modernity, Leida, Brill, 2020. [N. de S.F.]

Vorrede zur dritten Auflage.

———

Daß eine neue Auflage des „achtzehnten Brumaire" nöthig geworden, drei und dreißig Jahre nach dem ersten Erscheinen, beweist daß das Schriftchen auch heute noch nichts von seinem Werth verloren hat.

Und in der That war es eine geniale Arbeit. Unmittelbar nach dem Ereigniß, das die ganze politische Welt wie ein Wetterstrahl aus heiterm Himmel überraschte, das von den einen mit lautem Schrei sittlicher Entrüstung verdammt, von den andern als Rettung aus der Revolution und als Strafe für ihre Verirrungen acceptirt, von allen aber nur angestaunt und von keinem verstanden wurde — unmittelbar nach diesem Ereigniß trat Marx auf mit einer kurzen, epigrammatischen Darstellung, die den ganzen Gang der französischen Geschichte seit den Februartagen in ihrem innern Zusammenhang darlegte, das Mirakel des zweiten Decembers in ein natürliches, nothwendiges Resultat dieses Zusammenhangs auflöste, und dabei nicht einmal nöthig hatte, den Helden des Staatsstreichs anders als mit der wohlverdienten Verachtung zu behandeln. Und mit solcher Meisterhand war das Bild gezeichnet, daß jede neue, inzwischen erfolgte Enthüllung nur neue Beweise dafür geliefert hat, wie treu es die Wirklichkeit wiederspiegelt. Dies eminente Verständniß der lebendigen Tagesgeschichte, dies klare Durchschauen der Begebenheiten, im Moment, wo sie sich ereignen, ist in der That beispiellos.

Dazu gehörte aber auch Marx' genaue Kenntniß der französischen Geschichte. Frankreich ist das Land, wo die geschichtlichen Klassenkämpfe mehr als anderswo jedesmal bis zur Entscheidung durchgefochten wurden, wo also auch die wechselnden politischen Formen, innerhalb deren sie sich bewegen und in denen ihre Resultate sich zusammenfassen, in den schärfsten Umrissen ausgeprägt sind. Mittelpunkt des Feudalismus im Mittelalter, Musterland der einheitlichen ständischen Monarchie seit der Renaissance, hat Frankreich in der großen Revolution den Feudalismus zertrümmert und die

Reprodução de "Vorrede zur dritten Auflage" [Prefácio à terceira edição], de Friedrich Engels, publicado na terceira edição alemã de *Der Achtzehnte Brumaire des Louis Bonaparte*, Hamburgo, Otto Meißner, 1885.

PREFÁCIO DE FRIEDRICH ENGELS PARA A TERCEIRA EDIÇÃO ALEMÃ

O FATO DE ter se tornado necessária uma nova edição de *O Dezoito de Brumário* 33 anos depois de seu primeiro aparecimento prova que ainda hoje essa obra nada perdeu de seu valor.

Foi, na verdade, uma obra genial. Imediatamente após o acontecimento que surpreendeu a todo o mundo político como um raio caído de um céu azul. Foi condenado por alguns com gritos de indignação moral e acolhido por outros como a salvação contra a revolução e como o castigo dos seus erros, mas que apenas provocava o assombro de todos e não era compreendido por ninguém — imediatamente após esse acontecimento, Marx produziu uma exposição concisa e epigramática que punha a nu, em seu encadeamento interno, todo o curso da história da França desde as jornadas de fevereiro, reduzia o milagre de 2 de dezembro a um resultado natural e necessário dessa interconexão e, no processo, não necessitou sequer tratar o herói do golpe de Estado senão com um desprezo bem merecido. E o quadro foi traçado com tanta maestria que todas as revelações novas feitas desde então não fizeram senão confirmar a exatidão com que refletira a realidade. Essa

O DEZOITO DE BRUMÁRIO

notável compreensão da história viva da época, essa lúcida apreciação dos acontecimentos ao tempo que se desenrolavam, é, realmente, sem paralelo.

Mas para isso foi preciso o profundo conhecimento de Marx da história francesa. A França é o país onde, mais do que em qualquer outro lugar, as lutas de classe foram sempre levadas à decisão final, e onde, por conseguinte, as formas políticas mutáveis nas quais se processam estas lutas e nas quais se condensam seus resultados tomam os contornos mais nítidos. Centro do feudalismo na Idade Média, país modelo, desde a Renascença, da monarquia unitária baseada nos testamentos, a França desmantelou o feudalismo na Grande Revolução e instaurou o domínio da burguesia com uma pureza clássica inigualada por qualquer outro país europeu. A luta do proletariado revolucionário contra a burguesia dominante surgiu aqui sob formas agudas desconhecidas em outros países. Esta foi a razão pela qual Marx não só estudou a história anterior da França com especial predileção, como acompanhou também sua história contemporânea em todos os detalhes, reunindo materiais destinados à futura utilização. Por isso, os acontecimentos nunca o apanharam de surpresa.

Deve-se acrescentar ainda outra circunstância. Foi precisamente Marx quem primeiro descobriu a grande lei* da marcha

---

* O uso de "lei" (*Gesetz*) por parte de Engels é proposital. Remete à discussão de Marx e Engels sobre o materialismo histórico e dialético como base do socialismo científico. Por isso, Engels faz aqui uma equiparação de valor da "lei" do movimento da história, embora sua formulação seja muito diferente das leis equivalentes nas ciências naturais. [Nota de Sabrina Fernandes]

PREFÁCIO DE FRIEDRICH ENGELS

da história, a lei segundo a qual todas as lutas históricas, quer se processem no domínio político, religioso, filosófico ou qualquer outro campo ideológico, são na realidade apenas a expressão mais ou menos clara de lutas entre classes sociais, e que a existência, e portanto também os conflitos entre essas classes são, por seu turno, condicionados pelo grau de desenvolvimento de sua situação econômica, pelo seu modo de produção e pelo seu modo de troca, este determinado pelo precedente. Essa lei — que tem para a história a mesma importância que a lei da transformação da energia tem para as ciências naturais — forneceu-lhe, aqui também, a chave para a compreensão da história da Segunda República Francesa. Marx testou sua lei nesta história, e mesmo depois de decorridos 33 anos temos ainda que admitir que ela resistiu brilhantemente à prova.

Friedrich Engels
Hamburgo, 1885

Die Revolution,

Eine Zeitschrift in zwanglosen Heften.

Herausgegeben von

J. Weydemeyer.

Erstes Heft.

Der 18te Brumaire des Louis Napoleon

von

Karl Marx.

New-York.
Expedition: Deutsche Vereins Buchhandlung von Schmidt und Helmich.
William-Street Nr. 191.
1852.

Reprodução da folha de rosto da revista *Die Revolution* com a primeira
publicação de *Der 18te Brumaire des Louis Napoleon*, 1852.

NOTA DA PREPARAÇÃO DE TEXTO DE SABRINA FERNANDES

O TEXTO COMPLETO de *O Dezoito de Brumário de Luís Bonaparte* é bastante detalhado e trata de eventos conturbados na França. Karl Marx apresenta eventos históricos, como a Revolução Francesa de 1848 (ou Revolução de Fevereiro), e o golpe de Luís Bonaparte em 2 de dezembro de 1851, de acordo com as articulações de poder e contradições de cada ato. Em outros momentos, Marx traça paralelos entre os acontecimentos de Luís Bonaparte com os de seu tio, Napoleão Bonaparte. O título do texto é um exemplo, pois nele indica-se que o golpe de Luís Bonaparte carrega um refluxo histórico das ações de Napoleão. Todavia, Marx não faz as menções sempre em ordem cronológica, tampouco se utiliza de terminologia uniforme. É o caso do tratamento à Assembleia Nacional, primeiro Constituinte, depois Legislativa, mas às vezes referida apenas como Assembleia Nacional. Isso exige uma leitura cuidadosa para que lembremos do exato contexto temporal que determina o assunto. Como auxílio, esta edição conta com muitas notas de rodapé, minhas e de Leandro Konder, além de dois apêndices para conferência de nomes

O DEZOITO DE BRUMÁRIO

e datas históricas, formando o novo conjunto que compõe este clássico da crítica política editado pela Editora Paz e Terra. É recomendável que, no caso de leitura aprofundada, os apêndices sejam utilizados com frequência, de maneira a reforçar o contexto cronológico e de agentes durante o estudo da análise marxiana do 18 de Brumário.

O Dezoito de Brumário de Luís Bonaparte

I

HEGEL OBSERVA EM alguma obra que todos os fatos e personagens de grande importância na história do mundo ocorrem, por assim dizer, duas vezes. Ele se esqueceu de acrescentar: a primeira vez como tragédia, a segunda como farsa. Caussidière por Danton, Luís Blanc por Robespierre, a Montanha de 1845–1851 pela Montanha de 1793–1795, o sobrinho pelo tio.* E a mesma caricatura ocorre nas circunstâncias que acompanham a segunda edição do Dezoito de Brumário!†

---

* Marx já inicia os paralelos entre o período de Napoleão Bonaparte e, posteriormente, de seu sobrinho Luís Bonaparte. [Nota de Sabrina Fernandes]

† A "segunda edição do Dezoito de Brumário" é o golpe de Luís Bonaparte em 2 de dezembro 1851. Assim, Marx faz referência à "primeira edição", o golpe de Napoleão Bonaparte, em 9 de novembro de 1799. O brumário é o segundo mês do Calendário Revolucionário Francês, utilizado na França entre 1793 e 1805 (também muito brevemente durante a Comuna de Paris em 1871) e corresponde, de acordo com o ano, a datas entre 22-24 de outubro a 20-22 de novembro do calendário gregoriano em vigência. Portanto, o 18 de Brumário de Luís Bonaparte não corresponde à data exata do golpe de seu tio —, seria, afinal, no mês frimário — mas se encaixa na analogia de Marx no que diz respeito à repetição e à farsa. Ademais, é notável como Luís Bonaparte buscou resgatar o legado de Napoleão I em sua trajetória para tornar-se Napoleão III. A data escolhida para seu golpe em 1851 e sua proclamação como imperador em 1852, 2 de dezembro, é aniversário da coroação de Napoleão I em 1804. [N. de S.F.]

O DEZOITO DE BRUMÁRIO

Os seres humanos fazem sua própria história, mas não a fazem de sua livre vontade; não a fazem sob circunstâncias de sua escolha e sim sob aquelas diretamente existentes, dadas e herdadas do passado.* A tradição de todas as gerações mortas oprime como um pesadelo o cérebro dos vivos. E justamente quando parecem empenhados em revolucionar-se a si e às coisas, em criar algo que jamais existiu, precisamente nesses períodos de crise revolucionária, os seres humanos conjuram ansiosamente em seu auxílio os espíritos do passado, tomando-lhes emprestado os nomes, os gritos de guerra e as roupagens, a fim de apresentar nessa linguagem emprestada. Assim, Lutero adotou a máscara do apóstolo Paulo, a Revolução de 1789–1814 vestiu-se alternadamente como a república romana e como o império romano, e a Revolução de 1848 não soube fazer nada melhor do que parodiar ora 1789, ora a tradição revolucionária de 1793–1795. De maneira idêntica, o principiante que aprende um novo idioma traduz sempre as palavras deste idioma para sua língua natal; mas só quando puder manejá-lo sem apelar para o passado e esquecer sua própria língua no emprego da nova, terá assimilado o espírito desta última e poderá produzir livremente nela.

---

* Os trechos sobre tragédia e farsa e sobre fazer a própria história são os mais conhecidos de toda a análise do Brumário por Marx. A afirmação que "seres humanos fazem sua própria história, mas não a fazem de sua livre vontade" é de especial significância por traduzir a perspectiva de Marx e Engels sobre a agência de indivíduos diante do peso estruturante da história como eixo de análise do método do materialismo histórico e dialético. [N. de S.F.]

I

O exame dessas conjurações de mortos da história do mundo revela de pronto uma diferença marcante. Camile Desmoulins, Danton, Robespierre, Saint-Just, Napoleão, os heróis, os partidos e as massas da velha Revolução Francesa desempenharam a tarefa de sua época, a tarefa de libertar e instaurar a moderna sociedade burguesa, em trajes romanos e com frases romanas. Os primeiros reduziram a pedaços a base feudal e deceparam as cabeças feudais que sobre ela haviam crescido. Napoleão, por seu lado, criou na França as condições sem as quais não seria possível desenvolver a livre concorrência, explorar a propriedade territorial dividida e utilizar as forças produtivas industriais da nação que tinham sido libertadas; além das fronteiras da França ele varreu por toda parte as instituições feudais, na medida em que isto era necessário para dar à sociedade burguesa da França um ambiente adequado e atual no continente europeu. Uma vez estabelecida a nova formação social, os colossos antediluvianos desapareceram, e com eles a Roma ressurrecta — os Brutus, os Gracos, os Publícolas, os tribunos, os senadores e o próprio César. A sociedade burguesa, com seu sóbrio realismo, havia gerado seus verdadeiros intérpretes e porta-vozes nos Says, Cousins, Royer-Collards, Benjamin Constants e Guizots; seus verdadeiros chefes militares sentavam-se atrás das mesas de trabalho e o cérebro de toucinho de Luís XVIII era a sua cabeça política. Inteiramente absorvida na produção de riqueza e na concorrência pacífica, a sociedade burguesa não mais se lembrava de que os fantasmas dos tempos de Roma haviam velado seu berço. Mas, por menos heroica que se mostre hoje

O DEZOITO DE BRUMÁRIO

esta sociedade, foi não obstante necessário heroísmo, sacrifício, terror, guerra civil e batalhas de povos para torná-la uma realidade. E nas tradições classicamente austeras da república romana, seus gladiadores encontraram os ideais e as formas de arte, as ilusões de que necessitavam para esconderem de si próprios as limitações burguesas do conteúdo de suas lutas e manterem seu entusiasmo no alto nível da grande tragédia histórica. Do mesmo modo, em outro estágio de desenvolvimento, um século antes, Cromwell e o povo inglês haviam tomado emprestadas a linguagem, as paixões e as ilusões do Velho Testamento para sua revolução burguesa. Uma vez alcançado o objetivo real, uma vez realizada a transformação burguesa da sociedade inglesa, Locke suplantou Habacuc.

A ressurreição dos mortos nessas revoluções tinha, portanto, a finalidade de glorificar as novas lutas e não a de parodiar as passadas; de engrandecer na imaginação a tarefa a cumprir, e não de fugir de sua solução na realidade; de encontrar novamente o espírito da revolução e não de fazer o seu espectro caminhar outra vez.

De 1848 a 1851 o fantasma da velha revolução anda em todos os cantos: desde Marrast, o *républicain en gants jaunes,** que se disfarça no velho Bailly, até o aventureiro de aspecto vulgar e repulsivo que se oculta sob a férrea máscara mortuária de Napoleão. Todo um povo que pensava ter comunicado a si próprio um forte impulso para diante, por meio da revolução, se encontra de repente trasladado a uma época morta, e para

---

* Republicano de luvas amarelas. [Nota de Leandro Konder]

I

que não possa haver sombra de dúvida quanto ao retrocesso, surgem novamente as velhas datas, o velho calendário, os velhos nomes, os velhos éditos que já se haviam tornado assunto de erudição de antiquário, e os velhos esbirros da lei que havia muito pareciam defeitos na poeira dos tempos. A nação se sente como aquele inglês louco de Bedlam vivendo na época dos antigos faraós e lamentando-se diariamente do trabalho pesado que deve executar como garimpeiro nas minas de ouro da Etiópia, emparedado na prisão subterrânea, uma lâmpada de luz mortiça presa à testa, o feitor dos escravos atrás dele com um longo chicote, e nas saídas a massa confusa de mercenários bárbaros, que não compreendem nem aos forçados das minas e nem se entendem entre si, pois não falam uma língua comum. "E me impuseram tudo isto" — suspira o louco — "a mim, um cidadão inglês livre, para que produza ouro para os faraós!" "Para que pague as dívidas da família Bonaparte" — suspira a nação francesa. O inglês, enquanto esteve em seu juízo perfeito, não podia livrar-se da ideia fixa de conseguir ouro. Os franceses, enquanto estiveram empenhados em uma revolução, não podiam livrar-se da memória de Napoleão, como provaram as eleições de 10 de dezembro.[*] Diante dos perigos da revolução, ansiavam por voltar à abundância do Egito; e o 2 de Dezembro de 1851 foi a resposta. Não só fizeram a caricatura do velho Napoleão, como geraram

---

[*] Eleição de 10 de dezembro de 1848, quando Luís Bonaparte foi eleito presidente da França, tornando-se o primeiro e único presidente da Segunda República Francesa, que foi extinta pelo golpe do próprio Luís Bonaparte em 2 de dezembro de 1851, levando ao Segundo Império Francês. [N. de S.F.]

O DEZOITO DE BRUMÁRIO

o próprio velho Napoleão caricaturado, tal como deve aparecer necessariamente em meados do século XIX.

A revolução social do século XIX não pode tirar sua poesia do passado, e sim do futuro. Não pode iniciar sua tarefa enquanto não se despojar de toda veneração supersticiosa do passado. As revoluções anteriores tiveram que lançar mão de recordações da história antiga para se iludirem quanto ao próprio conteúdo. A fim de alcançar seu próprio conteúdo, a revolução do século XIX deve deixar que os mortos enterrem seus mortos. Antes a frase ia além do conteúdo; agora é o conteúdo que vai além da frase.

A Revolução de Fevereiro* foi um ataque de *surpresa,* apanhando desprevenida a velha sociedade, e o povo proclamou esse *golpe* inesperado como um feito de importância mundial que introduzia uma nova época. Em 2 de dezembro, a Revolução de Fevereiro é escamoteada pelo truque de um trapaceiro, e o que parece ter sido derrubado já não é a monarquia e sim as concessões liberais que lhe foram arrancadas através de séculos de luta. Longe de ser a própria *sociedade* que conquista para si mesma um novo conteúdo, é o *Estado* que parece voltar à sua forma mais antiga, ao domínio desavergonhadamente simples do sabre e da sotaina. Esta é a resta que dá ao *coup*

---

* Corresponde à Revolução Francesa de 1848 que derruba a monarquia de Luís Filipe I e instaura a Segunda República Francesa, cuja eleição presidencial é em dezembro de 1848. Marx, portanto, oferece uma análise que apresenta as condições para a chegada e tomada de poder por Luís Bonaparte, já que as eleições de 10 de dezembro (1848) são parte da história que levam ao golpe de 2 de dezembro (1851). [N. de S.F.]

I

de main* de fevereiro de 1848 o *coup de tête*† de dezembro de 1851. O que se ganha facilmente se entrega facilmente. O intervalo de tempo, porém, não passou sem proveito. Entre os anos de 1848 e 1851, a sociedade francesa supriu — e por um método abreviado, por ser revolucionário — estudos e conhecimentos que em um desenvolvimento regular, de lição em lição, por assim dizer, teriam tido que preceder a Revolução de Fevereiro se esta devesse constituir mais do que um estremecimento da superfície. A sociedade parece ter agora retrocedido para antes do seu ponto de partida; na realidade, somente hoje ela cria o seu ponto de partida revolucionário, isto é, a situação, as relações, as condições sem as quais a revolução moderna não adquire um caráter sério.

As revoluções burguesas, como as do século XVIII, avançam rapidamente de sucesso em sucesso; seus efeitos dramáticos excedem uns aos outros; os homens e as coisas se destacam como gemas fulgurantes; o êxtase é o estado permanente da sociedade; mas estas revoluções têm vida curta; logo atingem o auge, e uma longa modorra se apodera da sociedade antes que esta tenha aprendido a assimilar serenamente os resultados de seu período de lutas e embates. Por outro lado, as revoluções proletárias, como as do século XIX, se criticam constantemente a si próprias, interrompem continuamente seu curso, voltam ao que parecia resolvido para recomeçá-lo outra vez, escarnecem com impiedosa consciência as deficiên-

---

* *Coup de main*: literalmente golpe de mão, quer dizer ataque inesperado. [N. de L.K.]

† *Coup de tête*: ato impensado. [N. de L.K.]

O DEZOITO DE BRUMÁRIO

cias, fraquezas e misérias de seus primeiros esforços, parecem derrubar seu adversário apenas para que este possa retirar da terra novas forças e erguer-se novamente, agigantado, diante delas, recuam constantemente ante a magnitude infinita de seus próprios objetivos até que se cria uma situação que torna impossível qualquer retrocesso e na qual as próprias condições gritam:

Hic Rhodus, hic salta!*
Aqui está Rodes, salte aqui!

Quanto ao resto, qualquer observador medianamente competente, mesmo que não tivesse seguido passo a passo a marcha dos acontecimentos na França, deve ter pressentido que a revolução estava fadada a um terrível fiasco. Bastava ouvir os presunçosos latidos de vitória com que os senhores democratas se congratulavam pelas consequências milagrosas que esperavam dos acontecimentos do segundo domingo de maio de 1852.† O segundo domingo de maio de 1852 tornara-se em suas cabeças uma ideia fixa, um dogma, como

---

* "Aqui está Rodes, salte aqui!" Esta frase é tirada de uma das fábulas de Esopo: um fanfarrão gabava-se de ter testemunhas para provar que havia certa vez executado um notável salto em Rodes, tendo recebido a seguinte resposta: "Para que citar testemunhas se é verdade? Aqui está Rodes. Salte aqui!" Em outras palavras: "Mostra aqui mesmo, na prática, o que és capaz de fazer!" [N. de L.K.] No original, Marx apresenta a tradução do latim de Hegel para o alemão, *"Hier ist die Rose, hier tanze!"*, empregada nas *Linhas fundamentais da filosofia do direito*. [N. de S.F.]
† Nesse dia expirou o mandato do presidente da República, e de acordo com a Constituição era proibida a reeleição para a presidência. [N. de L.K.]

I

na cabeça dos quiliastas o dia em que Cristo deveria ressurgir e que assinalaria o começo da era milenar. Como sempre, a fraqueza se refugiara na crença nos milagres, imaginava o inimigo vencido, quando tinha sido afastada apenas em imaginação, e perdia toda compreensão do presente em uma glorificação passiva do que o futuro reservava e dos feitos que guardava *in petto* mas que não considerava oportuno revelar ainda. Os heróis que procuram refutar sua comprovada incapacidade oferecendo-se apoio mútuo e reunindo-se em um bloco haviam amarrado suas trouxas, recolhido suas coroas de louros adquiridas a crédito e estavam nesse momento empenhados em descontar no mercado de letras de câmbio as repúblicas *in partibus* para as quais já tinham, no silêncio de suas almas modestas, previdentemente organizado o corpo governamental. O 2 de Dezembro os surpreendeu como um raio em céu azul e os povos que, em períodos de depressão pusilânime, deixam de boa vontade sua apreensão anterior ser afogada pelos que gritam mais alto terão talvez se convencido de que já se foi o tempo em que o grasnar dos gansos podia salvar o Capitólio.

A Constituição, a Assembleia Nacional, os partidos dinásticos, os republicanos azuis e vermelhos, os heróis da África, o trovão vibrado da tribuna, a cortina de relâmpagos da imprensa diária, toda a literatura, os políticos de renome e os intelectuais de prestígio, o código civil e o código penal, a *liberté, égalité, fraternité* e o segundo domingo de maio de 1852 — tudo desaparecera como uma fantasmagoria diante da magia de um homem no qual nem seus inimigos reconhe-

O DEZOITO DE BRUMÁRIO

cem um mágico. O sufrágio universal parece ter sobrevivido apenas por um momento, a fim de fazer, de próprio punho, o seu último testamento perante os olhos do mundo inteiro e declarar em nome do próprio povo: Tudo o que existe merece perecer.*

Não é suficiente dizer, como fazem os franceses, que a nação foi pega de surpresa. Não se perdoa a uma nação ou a uma mulher o momento de descuido em que o primeiro aventureiro que se apresenta as pode violar. O enigma não é solucionado por tais jogos de palavras; é apenas formulado de maneira diferente. Não se conseguiu explicar ainda como uma nação de 36 milhões de habitantes pôde ser surpreendida e entregue sem resistência ao cativeiro por três cavalheiros de indústria.

Recapitulemos em linhas gerais as fases que atravessou a revolução francesa de 24 de fevereiro de 1848 a dezembro de 1851.

Três períodos principais se destacam: *o período de fevereiro;* de 4 de maio de 1848 a 28 de maio de 1849, *o período da Constituição da República, ou da Assembleia Nacional Constituinte;* de 28 de maio de 1849 a 2 de dezembro de 1851, *o período da República Constitucional* ou da *Assembleia Nacional Legislativa.*

O primeiro período, de 24 de fevereiro — data da queda de Luís Filipe — até 4 de maio de 1848 — data da instalação da Assembleia Constituinte, ou seja, o *período de fevereiro*

---

* Frase de Mefistófeles no *Fausto* de Goethe. [N. de L.K.]

54

I

propriamente dito, pode ser chamado o *prólogo* da revolução. Seu caráter foi oficialmente expresso pelo fato de que o governo por ele improvisado apresentou-se como um governo provisório e, assim como o governo, tudo que era proposto, tentado ou enunciado durante esse período era proclamado apenas *provisório*. Nada e ninguém se atrevia a reclamar para si o direito de existência ou de ação real. Todos os elementos que haviam preparado ou feito a revolução — a oposição dinástica, a burguesia republicana, a pequena burguesia democrático-republicana e os trabalhadores social-democratas — encontram provisoriamente seu lugar no governo de fevereiro.

Não podia ser de outra maneira. O objetivo inicial das jornadas de fevereiro era uma reforma eleitoral, pela qual seria alargado o círculo dos elementos politicamente privilegiados da própria classe possuidora e derrubado o domínio exclusivo da aristocracia financeira. Quando estalou o conflito de verdade, porém, quando o povo levantou as barricadas, a Guarda Nacional manteve uma atitude passiva, o exército não ofereceu nenhuma resistência séria e a monarquia fugiu, a república pareceu ser a sequência lógica. Cada partido a interpretava a seu modo. Tendo-a conquistado de armas na mão, o proletariado imprimiu-lhe sua chancela e proclamou-a uma *república social*. Indicava-se, assim, o conteúdo geral da revolução moderna, conteúdo esse que estava na mais singular contradição com tudo que, com o material disponível, com o grau de educação atingido pelas massas, dadas as circunstâncias e condições existentes, podia ser imediatamente realizado na prática. Por outro lado, as pretensões de todos os demais

O DEZOITO DE BRUMÁRIO

elementos que haviam colaborado na Revolução de Fevereiro foram reconhecidas na parte de leão* que obtiveram no governo. Em nenhum período, portanto, encontramos uma mistura mais confusa de frases retumbantes e efetiva incerteza e inabilidade, aspirações mais entusiastas de inovação e um domínio mais arraigado da velha rotina, maior harmonia aparente em toda a sociedade e mais profunda discordância entre seus elementos. Enquanto o proletariado de Paris deleitava-se ainda ante a visão das amplas perspectivas que se abriam diante de si e se entregava a discussões sérias sobre os problemas sociais, as velhas forças da sociedade se haviam agrupado, reunido, concertado e encontrado o apoio inesperado da massa da nação: os camponeses e a pequena burguesia, que se precipitaram de golpe sobre a cena política depois que as barreiras da Monarquia de Julho caíram por terra.

O segundo período, de 4 de maio de 1848 até fins de maio de 1849, é o período da *constituição,* da *fundação da república burguesa.* Imediatamente após as jornadas de fevereiro não só viu-se a oposição dinástica surpreendida pelos republicanos, e estes pelos socialistas, como toda a França foi surpreendida por Paris. A Assembleia Nacional,† que se reuniu em 4 de maio

---

* A parte do leão é referência às fábulas de Esopo e representa a "melhor parte", garantida pelo domínio e pela força. A passagem é alinhada à crítica de Marx à permanência e aperfeiçoamento do Estado burguês nesta obra. [N. de S.F.]

† A Assembleia Nacional Constituinte foi eleita em 23 de abril de 1848 e passa a operar a partir de 4 de maio de 1848. Sua composição representa uma reação conservadora, com apenas 80 dos 880 assentos ocupados pelos socialistas republicanos liderados por Louis Blanc. [N. de S.F.]

I

de 1848, sendo o resultado de eleições nacionais, representava a nação. Era um protesto vivo contra as presunçosas pretensões das jornadas de fevereiro e devia reduzir os resultados da revolução à escala burguesa.* O proletariado de Paris, que compreendeu imediatamente o caráter dessa Assembleia Nacional, tentou em vão, em 15 de maio, poucos dias depois de sua instalação, anular pela força a sua existência, dissolvê-la, desintegrar novamente em suas partes componentes o organismo por meio do qual o ameaçava o espírito reacionário da nação. Como se sabe, o 15 de Maio não teve outro resultado senão o de afastar Blanqui e seus camaradas, isto é, os verdadeiros dirigentes do partido proletário da cena pública durante todo o ciclo que estamos considerando.

À *monarquia burguesa* de Luís Filipe só pode suceder uma *república burguesa*, ou seja, enquanto um setor limitado da burguesia governou em nome do rei, toda a burguesia governara agora em nome do povo. As reivindicações do proletariado de Paris são devaneios utópicos, a que se deve pôr um paradeiro. A essa declaração da Assembleia Nacional Constituinte o proletariado de Paris respondeu com a

---

* Aqui Marx aponta para o caráter ilegítimo da Assembleia Nacional Constituinte diante do proletariado, pois ela viria a conter os impulsos mais revolucionários dentro do formato burguês. Todavia, a tentativa proletária em Paris de retomar o curso político, dissolvendo a Assembleia Nacional, foi falida e seus principais líderes foram detidos. Dias depois, a recém-criada Comissão Executiva, braço do governo paralelo à Assembleia Nacional, dissolveria o Club de la Révolution (fundado por Armand Barbès) e a Société républicaine centrale (fundada por Louis-Auguste Blanqui), dois dos clubes políticos de esquerda criados em 1848 para politização do processo da Revolução de Fevereiro. [N. de S.F.]

O DEZOITO DE BRUMÁRIO

Insurreição de junho,* o acontecimento de maior envergadura na história das guerras civis da Europa. A república burguesa triunfou. A seu lado alinhavam-se a aristocracia financeira, a burguesia industrial, a classe média, a pequena burguesia, o exército, o *lúmpen proletariado* organizado em Guarda Móvel, os intelectuais de prestígio, o clero e a população rural. Do lado do proletariado de Paris não havia senão ele próprio. Mais de três mil insurretos foram massacrados depois da vitória e quinze mil foram deportados sem julgamento. Com essa derrota o proletariado passa para o fundo da cena revolucionária. Tenta readquirir o terreno perdido em todas as oportunidades que se apresentam, sempre que o movimento parece ganhar novo impulso, mas com uma energia cada vez menor e com resultados sempre menores. Sempre que uma das camadas sociais superiores entra em efervescência revolucionária, o proletariado alia-se a ela e, consequentemente, participa de todas as derrotas sofridas pelos diversos partidos, umas depois das outras. Mas esses golpes sucessivos perdem sua intensidade à medida que aumenta a superfície da sociedade sobre a qual são distribuídos. Os dirigentes mais importantes do proletariado na Assembleia e na imprensa

---

* A Insurreição de Junho ocorre entre 22 e 26 de junho de 1848. Dias antes, a Assembleia votou pela dissolução dos ateliers nacionais, cujo fechamento é então decretado pela Comissão Executiva. Os ateliers nacionais formaram parte da política imediata da Revolução de Fevereiro, que oferecia empregos subsidiados pelo governo (resultado de demanda do proletariado organizado ao Governo Provisional com o apoio de Louis Blanc). O fechamento representa uma reação conservadora concreta que nega demandas proletárias importantes para a classe trabalhadora da Revolução de Fevereiro. [N. de S.F.]

I

caem sucessivamente, vítima dos tribunais, e figuras cada vez mais equívocas assumem a sua direção. Lança-se em parte a *experiências doutrinárias, bancos de intercâmbio e associações operárias, ou seja, a um movimento no qual renuncia a revolucionar o velho mundo com ajuda dos grandes recursos que lhe são próprios, e tenta, pelo contrário, alcançar sua redenção independentemente da sociedade, de maneira privada, dentro de suas condições limitadas de existência, e, portanto, tem por força que fracassar.* Parece incapaz de descobrir novamente em si a grandeza revolucionária ou de retirar novas energias nos vínculos que criou, até que *todas as classes* contra as quais lutou em [na Insurreição de junho] estão, elas próprias, prostradas ao seu lado. Mas pelo menos sucumbe com as honras de uma grande luta histórico-universal; não só a França mas toda a Europa treme diante do terremoto de junho, ao passo que as sucessivas derrotas das classes mais altas custam tão pouco que só o exagero descarado do partido vitorioso pode fazê-las passar por acontecimentos, e são tanto mais ignominiosas quanto mais longe do proletariado está o partido derrotado.

A derrota dos insurretos de junho preparou e aplainou, indubitavelmente, o terreno sobre a qual a república burguesa podia ser fundada e edificada, mas demonstrou ao mesmo tempo que na Europa as questões em foco não eram apenas de "república ou monarquia". Revelou que aqui *república burguesa* significava o despotismo ilimitado de uma classe sobre as outras. Provou que em países de velha civilização, com uma estrutura de classes desenvolvida, com condições modernas de produção, e com uma consciência intelectual

O DEZOITO DE BRUMÁRIO

na qual todas as ideias tradicionais se dissolveram pelo trabalho de séculos — *a república significava geralmente apenas a forma política da revolução da sociedade burguesa* e não sua *forma conservadora de vida,* como, por exemplo, nos Estados Unidos da América, onde, embora já existam classes, estas ainda não se fixaram, trocando ou permutando continuamente os elementos que as constituem em um fluxo contínuo, onde os modernos meios de produção, em vez de coincidir com uma superpopulação crônica, compensam, pelo contrário, a relativa escassez de cabeças e de braços, e onde, finalmente, o febril movimento juvenil da produção material, que tem um novo mundo para conquistar, não deixou nem tempo nem oportunidade de abolir a velha ordem de coisas.

Durante as jornadas de junho todas as classes e partidos se haviam congregado no *Partido da Ordem,* contra a classe proletária, considerada o *partido da anarquia,* do socialismo, do comunismo. Tinham "salvado" a sociedade dos "inimigos da sociedade". Tinham dado como senhas a seus exércitos as palavras de ordem da velha sociedade — "propriedade, família, religião, ordem — e proclamado aos cruzados da contrarrevolução: "Sob este signo Vencerás." A partir desse instante, tão logo um dos numerosos partidos que se haviam congregado sob esse signo contra os insurretos de junho tenta assenhorear-se do campo de batalha revolucionário em seu próprio interesse de classe, sucumbe ante o grito: "Propriedade, família, religião, ordem." A sociedade é salva tantas vezes quantas se contrai o círculo de seus dominadores e um interesse mais exclusivo se impõe ao mais amplo. Toda reivindicação,

I

ainda que da mais elementar reforma financeira burguesa, do liberalismo mais corriqueiro, do republicanismo mais formal, da democracia mais superficial, é simultaneamente castigada como um "atentado à sociedade" e estigmatizada como "socialismo".* E, finalmente, os próprios pontífices da "religião e da ordem" são derrubados a pontapés de seus trípodes píticos, arrancados de seus leitos na calada da noite, atirados em carros celulares, lançados em masmorras ou mandados para o exílio; seu templo é totalmente arrasado, suas bocas, trançadas, suas penas, quebradas, sua lei, reduzida a frangalhos em nome da religião, da propriedade, da família e da ordem. Os burgueses fanáticos pela ordem são mortos a tiros nas sacadas de suas janelas por bandos de soldados embriagados, a santidade dos seus lares é profanada, e suas casas são bombardeadas como diversão em nome da propriedade, da família, da religião e da ordem. Finalmente, a ralé da sociedade burguesa constitui a *sagrada falange da ordem* e o herói Crapulinski[†] se instala nas Tulherias como o "salvador da sociedade".

---

* Nesta passagem, Marx ressalta um elemento que segue familiar e contemporâneo à nossa sociedade: certas alianças políticas e ideológicas entre classes variadas, organizadas contra as demandas da classe trabalhadora, assumem uma postura reacionária e anticomunista a ponto de rejeitar até mesmo versões superficiais de direitos democráticos e humanos por medo do socialismo e do comunismo. [N. de S.F.]

† Crapulisnki: herói do poema de Heine, "Dois cavaleiros". Nesse personagem, Heine leva a ridículo os nobres poloneses estroinas (Crapulinski vem da palavra francesa *crapule* — canalha, devasso). Marx alude aqui a Luís Bonaparte. [N. de L.K.]

II

RETOMEMOS O FIO dos acontecimentos.

A história da *Assembleia Nacional Constituinte* a partir das jornadas de junho é a história do domínio e da desagregação da fração republicana da burguesia, da fração conhecida pelos nomes de republicanos tricolores, republicanos puros, republicanos políticos, republicanos formalistas etc.

Sob a monarquia burguesa de Luís Filipe essa fração formou a *oposição* republicana *oficial* e era, consequentemente, parte integrante reconhecida do mundo político de então. Tinha seus representantes nas Câmaras e uma considerável esfera de ação na imprensa. Seu órgão parisiense, o *National*, era considerado tão respeitável, em seu gênero, como o *Journal des Débats.** Seu caráter correspondia à posição que ocupava sob a monarquia constitucional. Não era uma fração da burguesia unida por grandes interesses comuns e destacadas das

---

* O *Journal des débats* foi um jornal francês estabelecido em 1789 e de grande popularidade durante o reinado de Luís Filipe I, representando a burguesia orleanista. Já o *Le National* foi fundado em 1830 e representava as posições da burguesia republicana moderada. [Nota de Sabrina Fernandes]

O DEZOITO DE BRUMÁRIO

outras por condições específicas de produção. Era um grupo de burgueses de ideias republicanas — escritores, advogados, oficiais e funcionários de categoria que deviam sua influência às antipatias pessoais do país contra Luís Filipe, à memória da velha república, à fé republicana de um grupo de entusiastas, e sobretudo ao *nacionalismo francês*, cujo ódio aos acordos de Viena e à aliança com a Inglaterra eles atiçavam constantemente. Grande parte dos partidários com que contava o *National* durante o governo de Luís Filipe eram devidos a esse imperialismo camuflado, que pôde consequentemente enfrentá-lo mais tarde, durante a república, como um inimigo mortal na pessoa de Luís Bonaparte. Combatia a aristocracia financeira da mesma forma que todo o resto da oposição burguesa. As polêmicas contra o orçamento, que estavam, na França, estreitamente ligadas à luta contra a aristocracia financeira, proporcionavam uma popularidade demasiado barata e material para editoriais puritanos demasiado abundante para não ser explorado. A burguesia industrial estava-lhe agradecida por sua servil defesa do sistema protecionista francês, que ele aceitava, porém, mais por razões nacionais do que no interesse da economia nacional; a burguesia, como um todo, estava-lhe agradecida por suas torpes denúncias contra o comunismo e o socialismo. Quanto ao mais, o partido do *National* era *puramente republicano*, ou seja, exigia que a dominação burguesa adotasse formas republicanas ao invés de monárquicas e, principalmente, exigia a parte do leão nesse domínio. Relativamente às condições dessa transformação, não tinha um plano claro de ação. O que, pelo contrário, parecia-

II

-lhe claro como a luz do dia e era publicamente admitido nos banquetes reformistas dos últimos tempos do reinado de Luís Filipe era a sua impopularidade entre os democratas pequeno-burgueses e, em particular, perante o proletariado revolucionário. Esses republicanos puros — os republicanos puros são assim — estavam já a ponto de se contentar no momento com a regência da duquesa de Orléans,* quando irrompeu a Revolução de Fevereiro e seus representantes mais conhecidos foram apontados para postos no Governo Provisório. Desde o início contavam, naturalmente, com o apoio da burguesia e com a maioria na Assembleia Nacional Constituinte, elementos *socialistas* do Governo Provisório foram imediatamente excluídos da Comissão Executiva formada pela Assembleia Nacional por ocasião de sua instalação, e o partido do *National* aproveitou a deflagração da insurreição de junho para dissolver também a *Comissão Executiva,* e livrar-se assim de seus rivais mais próximos, os *republicanos pequeno-burgueses* ou *republicanos democratas* (Ledru-Rollin

---

* Luís Filipe I abdicou seu reinado em favor de seu neto, Luís Felipe Alberto, o conde de Paris, em 24 de fevereiro de 1848. Como tinha apenas 9 anos, houve uma tentativa de colocar Luís Felipe Alberto no trono sob a regência de sua mãe, a duquesa de Orléans. Porém, a contínua ação revolucionária levou ao fim da monarquia. Aqui, Marx aponta que, embora fossem republicanos, os burgueses da época teriam se contentado com a regência não fosse o ímpeto da Revolução de Fevereiro e a proclamação da Segunda República francesa no mesmo dia. As pretensões da burguesia republicana tomavam a forma de uma reedição de poderes ao seu próprio molde e é por isso que, apesar de avançar através das ações proletárias na Revolução de Fevereiro, sufoca o andamento revolucionário a seu próprio favor. [N. de S.F.]

O DEZOITO DE BRUMÁRIO

etc.). Cavaignac o general do partido republicano burguês que comandara a batalha de junho, tomou o lugar da Comissão Executiva, com poderes quase ditatoriais. Marrast, ex-redator-chefe do *National,* tornou-se o presidente perpétuo da Assembleia Nacional Constituinte, e os ministérios, bem como todos os demais postos importantes, caíram em mãos dos republicanos puros.

A fração republicano-burguesa, que havia muito se considerava a herdeira legítima da Monarquia de Julho, viu assim excedidas suas mais caras esperanças; alcançou o poder, não, porém, como sonhara, sob o governo de Luís Filipe, através de uma revolta liberal da burguesia contra o trono, e sim através de um levante do proletariado contra o capital, levante esse que foi sufocado a tiros de canhão. O que imaginara como o acontecimento mais *contrarrevolucionário.* O fruto caiu-lhe nas mãos, mas caído da árvore do conhecimento e não da árvore da vida

O domínio exclusivo dos *republicanos burgueses* durou apenas de 24 de junho a 10 de dezembro de 1848. Resumiu-se na *elaboração da Constituição republicana* e na proclamação do *estado de sítio em Paris.*

A nova *Constituição* era, no fundo, apenas a reedição, em forma republicana, da Carta constitucional de 1830. O limitado cadastro eleitoral da Monarquia de Julho, que excluía do domínio político mesmo uma grande parte da burguesia, era incompatível com a existência da república burguesa. Em vez dessas restrições, a Revolução de Fevereiro proclamara imediatamente o sufrágio universal e direto. Os republicanos burgue-

II

ses não puderam desfazer esse ato. Tiveram que contentar-se com acrescentar uma cláusula instituindo a obrigatoriedade de pelo menos seis meses de residência no distrito eleitoral. A velha organização da administração, do sistema municipal, do sistema jurídico, militar etc., permaneceu intacta ou, onde foi modificada pela Constituição, a modificação atingia o rótulo, não o conteúdo, o nome, não a coisa em si.

O inevitável estado-maior das liberdades de 1848, a liberdade pessoal, as liberdades de imprensa, de palavra, de associação de reunião, de educação, de religião etc., receberam um uniforme constitucional que as fez invulneráveis. Com efeito, cada uma dessas liberdades é proclamada como direito *absoluto* do cidadão francês, mas sempre acompanhada da restrição à margem, no sentido de que é ilimitada desde que não esteja limitada pelos "direitos iguais dos outros e pela segurança pública" ou por "leis" destinadas a restabelecer precisamente essa harmonia das liberdades individuais entre si e com a segurança pública. Por exemplo: "Os cidadãos gozam do direito de associação, de reunir-se pacificamente e desarmados, de formular petições e de expressar suas opiniões, quer pela imprensa ou por qualquer outro modo. O *gozo desses direitos não sofre qualquer restrição, salvo as impostas pelos direitos iguais dos outros e pela segurança pública.* (Capítulo II, § 8, da Constituição Francesa.) "O ensino é livre. A liberdade de ensino será exercida dentro das condições estabelecidas pela lei e sob o supremo controle do Estado." (Ibidem, § 9.) "O domicílio de todos os cidadãos é inviolável, exceto nas condições prescritas na lei" (Capítulo II, § 3.) etc. etc. A Cons-

O DEZOITO DE BRUMÁRIO

tituição, por conseguinte, refere-se constantemente a futuras leis *orgânicas* que deverão pôr em prática aquelas restrições e regular o gozo dessas liberdades irrestritas de maneira que não colidam nem entre si nem com a segurança pública. E mais tarde essas leis orgânicas foram promulgadas pelos amigos da ordem e todas aquelas liberdades foram regulamentadas de tal maneira que a burguesia, no gozo delas, se encontra livre de interferência por parte dos direitos iguais das outras classes. Onde são vedadas inteiramente essas liberdades "aos outros" ou permitido o seu gozo sob condições que não passam de armadilhas policiais, isso é feito sempre apenas no interesse da "segurança pública", isto é, da segurança da burguesia, como prescreve a Constituição.* Como resultado, ambos os lados invocam devidamente, e com pleno direito, a Constituição: os amigos da ordem, que ab-rogam todas essas liberdades, e os democratas, que as reivindicam. Pois cada parágrafo da Constituição encerra sua própria antítese, sua própria Câmara Alta e Câmara Baixa, isto é, liberdade na frase geral, ab-rogação da liberdade na nota à margem. Assim, desde que o *nome* da liberdade seja respeitado e impedida apenas a sua realização efetiva — de acordo com a lei, naturalmente —, a existência constitucional da liberdade permanece intacta,

---

* Apesar de Marx não ter formulado em vida uma teoria completa sobre o Estado, há indícios no decorrer de sua obra, muitos deles no *Dezoito de Brumário*, de suas críticas sobre o poder estatal e seu fortalecimento no capitalismo. Este apontamento sobre o uso da segurança pública e o monopólio estatal da força através de instrumentos como a polícia forma parte da análise em que o Estado opera para os interesses da burguesia. [N. de S.F.]

II

inviolada, por mais mortais que sejam os golpes assestados contra sua existência na *vida real.*

Esta Constituição, tornada inviolável de maneira tão engenhosa, era, contudo, como Aquiles, vulnerável em um ponto; não no calcanhar, mas na cabeça, ou por outra, nas duas cabeças em que se constituiu: de um lado, a *Assembleia Legislativa,* de outro, o *Presidente.* Um exame da Constituição revelará que só os parágrafos onde é definida a relação do presidente com a Assembleia Legislativa são absolutos, positivos, não contraditórios, e sem tergiversação possível. Pois os republicanos burgueses tratavam, aqui, de garantir sua posição. Os parágrafos 45 a 70 da Constituição acham-se redigidos de tal maneira que a Assembleia Nacional tem poderes constitucionais para afastar o presidente, ao passo que este só inconstitucionalmente pode dissolver a Assembleia Nacional, suprimindo a própria Constituição. Ela mesma provoca, portanto, a sua violenta destruição. Não só consagra a divisão dos poderes, tal como a Carta de 1830, como a amplia a ponto de transformá-la em uma contradição insustentável. O *jogo dos poderes constitucionais,* como Guizot denominava as contendas parlamentares entre o Poder Legislativo e o Executivo, é, na Constituição de 1848, constantemente jogado *va-banque*. De um lado estão 750 representantes do povo, eleitos por sufrágio universal e reelegíveis; constituem uma Assembleia Nacional incontrolável, indissolúvel, indivisível, uma Assembleia Nacional que desfruta de onipotência legis-

---

* *Va-banque:* apostar tudo o que se tem. [Nota de Leandro Konder]

O DEZOITO DE BRUMÁRIO

lativa, decide em última instância sobre as questões de guerra, de paz e tratados comerciais, possui, só ela, o direito de anistia e, por seu caráter permanente, ocupa perpetuamente o proscênio. Do outro lado está o presidente, com todos os atributos do poder real, com autoridade para nomear e exonerar seus ministros independentemente da Assembleia Nacional, com todos os recursos do Poder Executivo em suas mãos, distribuindo todos os postos e dispondo, assim, na França, da existência de pelo menos um milhão e meio de pessoas, pois tantos são os que dependem das 500 mil autoridades e funcionários de todas as categorias. Tem atrás de si todo o poder das forças armadas. Goza do privilégio de conceder indulto individual aos criminosos, suspender a Guarda Nacional, destruir, com o beneplácito do Conselho de Estado, os conselhos gerais, cantonais e municipais eleitos pelos próprios cidadãos. A iniciativa e a direção de todos os tratados com países estrangeiros são faculdades reservadas a ele. Enquanto a Assembleia permanece constantemente em cena exposta às críticas da opinião pública, o presidente leva uma vida oculta nos Campos Elíseos, com o artigo 45 da Constituição diante dos olhos e gravado no coração, a gritar-lhe diariamente: *Frere, il faut mourir.** Teu poder cessa no segundo domingo do lindo mês de maio, no quarto ano após a tua eleição! Tua glória terminará então, a peça não é representada duas vezes, e se tens dívidas, cuida a tempo de saldá-las com os 600 mil francos que a Constituição te concede, a menos que prefiras

---

* *Frere, il faut mourir:* "Irmão, tens que morrer!" [N. de L.K.]

II

ser recolhido a Clichy* na segunda-feira seguinte ao segundo domingo do lindo mês de maio! — Assim, enquanto a Constituição outorga poderes efetivos ao presidente, procura garantir para a Assembleia Nacional o poder moral. À parte o fato de que é impossível criar um poder moral mediante os parágrafos de uma lei, a Constituição mais uma vez se anula ao dispor que o presidente seja eleito por todos os franceses, através do sufrágio direto. Enquanto os votos da França são divididos entre os 750 membros da Assembleia Nacional, são aqui, pelo contrário, concentrados em um único indivíduo. Enquanto cada representante do povo representa apenas este ou aquele partido, esta ou aquela cidade, esta ou aquela cabeça de ponte, ou até mesmo a mera necessidade de eleger algum dos 750 candidatos, sem levar na devida consideração nem a causa nem o homem, ele é o eleito da nação e o ato de sua eleição é o trunfo que o povo soberano lança uma vez em cada quatro anos. A Assembleia Nacional eleita está em relação metafísica com a Nação ao passo que o presidente eleito está em relação pessoal com ela. A Assembleia Nacional exibe realmente, em seus representantes individuais, os múltiplos aspectos do espírito nacional, enquanto no presidente esse espírito nacional encontra a sua encarnação. Em comparação com a Assembleia ele possui uma espécie de direito divino; é presidente pela graça do povo.

Tétis, a deusa do mar, profetizara a Aquiles que ele morreria na flor da juventude. A Constituição, que, como

---

* Clichy: cárcere dos devedores. [N. de L.K.]

O DEZOITO DE BRUMÁRIO

Aquiles, tinha seu ponto fraco, tinha também como Aquiles o pressentimento de que morreria cedo. Bastava que os republicanos puros empenhados na elaboração da Constituição baixassem o olhar do paraíso de sua república ideal e olhassem este mundo profano, para perceberem como a arrogância dos monarquistas, dos bonapartistas, dos democratas, dos comunistas, bem como seu próprio descrédito, cresciam diariamente à medida que sua grande obra de arte legislativa chegava ao término, sem que para isso Tétis tivesse que sair do mar e vir comunicar-lhes o seu segredo. Tentaram fugir ao destino por meio de um dispositivo constitucional, através do § 111, segundo o qual toda moção visando à *revisão da Constituição* tinha que ser apoiada pelo menos por três quartos dos votantes, em três debates sucessivos, entre os quais devia haver sempre um mês de intervalo, e que exigia ademais, que pelos menos 500 membros da Assembleia Nacional participassem da votação. Com isto fizeram apenas a tentativa desesperada de exercer, como minoria a que profeticamente já se viam reduzidos — um poder que naquele momento, quando dispunham de maioria parlamentar e de todos os recursos da autoridade governamental, escapava-lhes dia a dia das mãos.

Finalmente a Constituição, em um parágrafo melodramático, se confia "à vigilância e ao patriotismo de todo o povo francês e de cada cidadão francês", depois de ter anteriormente confiado os "vigilantes" e "patriotas", em um outro parágrafo, aos cuidados mais ternos e dedicados da Alta Corte de justiça, a *Haute Cour*, expressamente criada para isso.

II

Essa era a Constituição de 1848, que em 2 de dezembro de 1851 não foi derrubada por uma cabeça, mas caiu por terra ao contato de um simples chapéu; esse chapéu, evidentemente, era um tricórnio napoleônico.

Enquanto os republicanos burgueses se entretinham, na Assembleia, em criar, discutir e votar essa Constituição, fora da Assembleia, Cavaignac mantinha o *estado de sítio em Paris*. O estado de sítio foi a parteira da Assembleia Constituinte em seus trabalhos de criação republicana. Se a Constituição foi subsequentemente liquidada por meio de baionetas, é preciso não esquecer que foi também por baionetas, e estas voltadas contra o povo, que teve de ser protegida no ventre materno e trazida ao mundo. Os precursores dos "respeitáveis republicanos" haviam mandado seu símbolo, a bandeira tricolor, em uma excursão pela Europa. Eles próprios, por sua vez, produziram um invento que percorreu todo o continente mas que retornava à França com amor sempre renovado, até que agora adquirira carta de cidadania na metade de seus departamentos — *o estado de sítio*. Um invento esplêndido, empregado periodicamente em todas as crises ocorridas durante a Revolução Francesa. O quartel e o bivaque*, porém, que eram assim postos periodicamente sobre a cabeça da sociedade francesa a fim de comprimir-lhe o cérebro e reduzi-la à passividade; o sabre e o mosquetão, aos quais era periodicamente permitido desempenhar o papel de juízes e

---

* Bivaque: acampamento militar temporário. [N. de S.F.]

O DEZOITO DE BRUMÁRIO

administradores, de tutores e censores, brincar de polícia e servir de guarda-noturno; o bigode e o uniforme, periodicamente proclamados como sendo a mais alta expressão da sabedoria da sociedade e como seus guardiães — não deviam acabar forçosamente o quartel e o bivaque, o sabre e o mosquetão, o bigode e o uniforme, tendo a ideia de salvar a sociedade de uma vez para sempre, proclamando seu próprio regime como a mais alta forma de governo e libertando completamente a sociedade civil do trabalho de governar a si mesma? O quartel e o bivaque, o sabre e o mosquetão, o bigode e o uniforme tinham forçosamente que acabar tendo essa ideia, com tanto mais razão quanto poderiam então esperar também melhor recompensa por esses serviços mais importantes, ao passo que através de um mero estado de sítio periódico e de passageiros salvamentos da sociedade a pedido desta ou daquela fração burguesa, conseguiam pouca coisa de sólido, exceto alguns mortos e feridos e algumas caretas amigáveis por parte dos burgueses. Não deveriam finalmente os militares jogar um dia o estado de sítio em seu próprio interesse e em seu próprio benefício, sitiando ao mesmo tempo as bolsas burguesas? Além disso, seja dito de passagem, é preciso não esquecer que o *Coronel Bernard*, o mesmo presidente da comissão militar que, sob Cavaignac, ajudara a deportar sem julgamento 15 mil insurretos, estava novamente à frente das comissões militares que atuavam em Paris.

Se, com o estado de sítio na capital francesa, os respeitáveis e puros republicanos plantaram o viveiro em que haviam de

II

crescer os pretorianos* do 2 de dezembro de 1851, são, por outro lado, dignos de louvor porque, em vez de exagerarem o sentimento nacional, como foi o caso de Luís Filipe, agora que dispunham do poder nacional, rastejavam diante dos países estrangeiros e, em vez de libertar a Itália, deixaram que fosse reconquistada pelos austríacos e napolitanos. A eleição de Luís Bonaparte como presidente, em 10 de dezembro de 1848, pôs fim à ditadura de Cavaignac e à Assembleia Constituinte.

O § 44 da Constituição declara: "O Presidente da República Francesa não deverá ter perdido nunca sua cidadania francesa." O primeiro presidente da República Francesa, L. N. Bonaparte, tinha não só perdido sua cidadania francesa, não só fora um agente especial dos ingleses, mas era até naturalizado suíço.

Tratei em outra passagem do significado da eleição de 10 de dezembro. Não voltarei ao assunto aqui. Será suficiente observar que foi uma *reação dos camponeses*, que tinham tido que pagar as custas da Revolução de Fevereiro, contra as demais classes da nação, uma *reação do campo contra a cidade*. Esta reação encontrou grande apoio no exército, ao qual os republicanos do *National* não haviam dado nem glória nem remuneração adicional, entre a alta burguesia, que saudou Bonaparte como uma ponte para a monarquia, entre os proletários e pequeno-burgueses, que o saudaram como um

---

* Na Roma Antiga, a guarda pretoriana era a guarda experiente que se torna pessoal de um imperador ou general. Aqui, Marx se refere à Société du Dix-Décembre, a Sociedade de 10 de Dezembro, como os pretorianos de Luís Bonaparte. A Sociedade será analisada extensamente nesta obra. [N. de S.F.]

O DEZOITO DE BRUMÁRIO

flagelo para Cavaignac. Terei oportunidade mais adiante de examinar mais detalhadamente a relação dos camponeses com a Revolução Francesa.

O período compreendido de 20 de dezembro de 1848 à dissolução da Assembleia Constituinte em maio de 1849 abrange a história do ocaso dos republicanos burgueses. Após terem fundado uma república para a burguesia, expulsado do campo de luta o proletariado revolucionário e reduzido momentaneamente ao silêncio a pequena burguesia democrática, são eles mesmos postos de lado pela massa da burguesia, que com justa razão reclama essa república como *sua propriedade*. Essa massa era, porém, monárquica. Parte dela, latifundiários, dominara durante a *Restauração* e era, portanto, *legitimista*. A outra parte, os aristocratas da finança e os grandes industriais, havia dominado durante a Monarquia de Julho e era, consequentemente, *orleanista*. Os altos dignitários do exército, da universidade, da igreja, da justiça, da academia e da imprensa podiam ser encontrados dos dois lados, embora em proporções várias. Aqui, na república burguesa, que não ostentava nem o nome de *Bourbon* nem o nome de *Orléans*, e sim o nome de *Capital*, haviam encontrado a forma de governo na qual podiam governar *conjuntamente*. A insurreição de junho já os unira no "Partido da Ordem". Era agora necessário, em primeiro lugar, afastar o núcleo de republicanos burgueses que ocupavam ainda as cadeiras da Assembleia Nacional. Na mesma proporção em que esses republicanos puros haviam sido brutais em seu emprego da força física contra o povo, eram agora covardes, dissimulados, desanimados e incapazes,

76

II

de lutar na hora da retirada, quando se tratava de assegurar seu republicanismo e seus direitos legislativos contra o Poder Executivo e os monarquistas. Não preciso relatar aqui a história deplorável de sua dissolução. Não sucumbiram; desapareceram. Sua história terminou para sempre, e tanto dentro como fora da Assembleia, figuram no período seguinte apenas como recordações, recordações que parecem reviver sempre que o mero nome *república* está novamente em causa e sempre que o conflito revolucionário ameaça descer ao nível mais baixo. Posso observar de passagem que o jornal que deu seu nome a esse partido, o *National*, foi convertido ao socialismo no período seguinte.[*]

Antes de terminarmos com este período precisamos ainda lançar um olhar retrospectivo aos dois poderes, um dos quais aniquilou o outro em 2 de dezembro de 1848 até a dissolução da Assembleia Constituinte. Referimo-nos a Luís Bonaparte, de um lado, e ao partido dos monarquistas coligados, o Partido da Ordem, da alta burguesia, do outro. Ao ascender à presidência Bonaparte formou imediatamente um ministério com base no Partido da Ordem, à frente do qual colocou Odilon Barrot, o velho dirigente, *nota bene*, da fração mais liberal da burguesia parlamentar. O Sr. Barrot havia finalmente conseguido a pasta ministerial cujo espectro o perseguia desde 1930 e, melhor ainda, a chefia do ministério; não, todavia, como imaginara sob Luís Filipe, como

---

[*] *Le National* foi banido após o golpe de Luís Bonaparte em 1851. O jornal volta a operar novamente apenas em 1869. [N. de S.F.]

O DEZOITO DE BRUMÁRIO

o dirigente mais avançado da oposição parlamentar, mas sim com a tarefa de liquidar um Parlamento e como aliado dos seus piores inimigos, os jesuítas e os legitimistas. Trouxe finalmente a noiva para casa, mas só depois de prostituída. O próprio Bonaparte parecia ter-se apagado completamente. Esse partido agia por ele.

Logo na primeira reunião do conselho de ministros foi resolvida a expedição a Roma que, concordou-se, seria feita à revelia da Assembleia Nacional, da qual seriam arrancadas as verbas necessárias sob falsos pretextos. Assim, começaram burlando a Assembleia Nacional e conspirando secretamente com os poderes absolutistas do estrangeiro contra a república romana revolucionária. Foi do mesmo modo e por meio das mesmas manobras que Bonaparte preparou o seu golpe do 2 de Dezembro contra o Legislativo realista e sua república Constitucional. É preciso não esquecer que o mesmo partido que formou o ministério de Bonaparte em 20 de dezembro de 1848 constituía a maioria da Assembleia Nacional Legislativa em 2 de dezembro de 1851.

Em agosto a Assembleia Constituinte decidiu só dissolver--se depois de ter elaborado e promulgado toda uma série de leis orgânicas que deveriam complementar a Constituição. Em 6 de janeiro de 1849 o Partido da Ordem fez com que um deputado de nome Rateau apresentasse moção propondo que a Assembleia interrompesse a discussão das leis orgânicas e decidisse sobre *sua própria dissolução*. Não só o ministério, chefiado por Odilon Barrot, mas todos os membros monarquistas da Assembleia Nacional indicaram nesse momento,

II

em termos imperiosos, que a dissolução era necessária para a restauração do crédito, para a consolidação da ordem, além de pôr fim aos indefinidos arranjos provisórios e estabelecer uma situação definitiva; que a Assembleia impedia a atuação do novo governo e procurava prolongar sua existência apenas com intuitos malévolos; que o país estava farto dela. Bonaparte tomou nota de todas essas afrontas contra o Poder Legislativo, e em 2 de dezembro de 1851 demonstrou aos parlamentares que havia aprendido com elas. Voltou contra eles seus próprios argumentos.

O ministério Barrot e o Partido da Ordem foram mais longe. Fizeram com que de toda a França fossem dirigidas *petições à Assembleia Nacional,* nas quais se requeria amavelmente que levantasse acampamento. Levaram, assim, as massas desorganizadas do povo à luta contra a Assembleia Nacional, expressão constitucionalmente organizada do povo. Ensinaram Bonaparte a apelar para o povo contra as assembleias parlamentares. Finalmente, em 29 de janeiro de 1849, chegou o dia no qual a Assembleia Constituinte deveria decidir sua própria dissolução. Encontrou o edifício onde se realizavam suas sessões ocupado pelos militares; Changarnier, o general do Partido da Ordem, em cujas mãos se concentrava o comando supremo da Guarda Nacional e das tropas de linha, realizou em Paris uma grande revista de tropas, como se uma batalha estivesse iminente, e os monarquistas coligados declararam ameaçadoramente à Assembleia Constituinte que seria empregada a força caso ela não colaborasse. A Assembleia mostrou-se disposta e ganhou apenas

O DEZOITO DE BRUMÁRIO

o brevíssimo período adicional de vida que negociara. Que foi o 29 de janeiro senão o *golpe de Estado* de 2 de dezembro de 1851, mas desta vez dos monarquistas juntamente com Bonaparte contra a Assembleia Nacional republicana? Esses senhores não perceberam, ou não quiseram perceber, que Bonaparte se valeu do 29 de janeiro de 1849 para fazer com que uma parte das tropas desfilasse diante dele nas Tulherias e aproveitou avidamente essa primeira convocação do poder militar contra o poder parlamentar para evocar Calígula.* Eles, naturalmente, viam apenas o seu Changarnier.

Um dos motivos que levaram especialmente o Partido da Ordem a encurtar pela força a duração da vida da Assembleia Constituinte foram as leis *orgânicas* suplementares à Constituição, tais como a lei do ensino, a lei sobre o culto religioso etc. Para os monarquistas coligados era da maior importância que eles próprios elaborassem essas leis, evitando que fossem feitas pelos republicanos que já se mostravam desconfiados. Entre essas leis orgânicas, entretanto, havia também uma lei regulamentando as responsabilidades do presidente da República. Em 1851 a Assembleia Legislativa ocupava-se precisamente da redação dessa lei quando Bonaparte impediu esse *golpe* com o *golpe* de 2 de dezembro. Que não teriam dado os monarquistas coligados em sua campanha parlamentar de inverno de 1851 para terem à mão já pronta esta Lei Sobre a

---

* Calígula: imperador romano, de 37 a 41 d.C., que desfilou com a guarda pretoriana diante do Senado. Posteriormente, foi assassinado por membros da própria guarda. [N. de S.F.]

II

Responsabilidade Presidencial e elaborada, ademais, por uma Assembleia republicana desconfiada e hostil!

Depois que a Assembleia Constituinte havia ela própria desmantelado sua última arma em 29 de janeiro de 1849, o ministério Barrot e os amigos da ordem perseguiram-na até a morte, não deixaram por fazer nada que pudesse humilhá-la e arrancaram de sua desesperada debilidade leis que custaram o derradeiro resquício de respeito aos olhos do público. Bonaparte, ocupado com sua ideia fixa napoleônica, foi suficientemente atrevido para explorar publicamente essa degradação do poder parlamentar. Pois quando em 8 de maio de 1849 a Assembleia Nacional aprovou um voto de censura do ministério em vista da ocupação de Civitavecchia por Oudinot* e ordenou-lhe que devolvesse a expedição romana a seu suposto objetivo, Bonaparte na mesma noite publicou no *Moniteur* uma carta a Oudinot, em que o parabenizava por suas proezas heroicas e, em contraste aos escribas parlamentares, se posicionava como o generoso protetor do exército. Os monarquistas riram disso, pois o consideravam enganado por eles.[†] Finalmente, quando Marrast, o presidente da Assembleia Constituinte, acreditou por um momento

---

* Charles Nicolas Victor Oudinot foi o tenente-general que comandou a expedição francesa de repressão à República Romana de 1849, decorrente dos levantes do período revolucionário de 1848 na Europa. [N. de S.F.]

† Referência ao fato de que Adolphe Thiers e outros líderes do Partido da Ordem julgavam apropriado apoiar a candidatura de Luís Bonaparte em dezembro de 1848, porque ele seria facilmente manipulável. Thiers haveria proclamado anteriormente que *C'est un crétin que l'on mènera* [É um tolo que conduziremos]. [N. de S.F.]

O DEZOITO DE BRUMÁRIO

que a segurança da Assembleia Nacional estava em perigo e, confiando na Constituição, requisitou um coronel com seu regimento, o coronel negou-se a atender, invocou a disciplina e recomendou que Marrast apelasse para Changarnier; este repeliu com desprezo o pedido, observando que não gostava de *baionetas inteligentes*. Em novembro de 1851, quando os monarquistas coligados quiseram iniciar a luta decisiva contra Bonaparte, tentaram introduzir por meio de seu célebre *Projeto dos Questores* o princípio da requisição direta de tropas pelo presidente da Assembleia Nacional. Um de seus generais, Le Flô, subscrevera o projeto. Em vão Changarnier votou a favor da proposta e Thiers rendeu homenagem à previdência da antiga Assembleia Constituinte. O *ministro da Guerra, Saint-Arnaud,* respondeu-lhe como Changarnier respondera a Marrast — o que lhe rendeu aplausos da Montanha!

Foi assim que o próprio *Partido da Ordem*, quando não constituía ainda a Assembleia Nacional, quando era ainda apenas o ministério, estigmatizou o *regime parlamentar*. E ele brada quando em 2 de dezembro de 1851 baniu esse regime da França!

Desejamos-lhe uma feliz viagem.

III

A Assembleia Legislativa Nacional reuniu-se em 28 de maio de 1849.* Em 2 de dezembro de 1851 foi dissolvida. Esse período cobre a vida efêmera da *república constitucional* ou *república parlamentar.*

Na primeira Revolução Francesa o domínio dos *constitucionalistas* é seguido do domínio dos *girondinos*, e o domínio dos *girondinos*, pelo dos *jacobinos*. Cada um desses partidos se apoia no mais avançado. Assim que impulsiona a revolução o suficiente para se tornar incapaz de levá-la mais além, e muito menos de marchar à sua frente, é posto de lado pelo aliado mais audaz que vem atrás e mandado à guilhotina. A revolução move-se, assim, ao longo de uma linha ascensional.†

Com a Revolução de 1848 dá-se o inverso. O partido proletário aparece como um apêndice do partido pequeno-

---

* Após a dissolução da Assembleia Nacional Constituinte, em janeiro de 1849, a Assembleia Legislativa Nacional passa a se reunir em maio de 1849. [N. de Sabrina Fernandes]

† Ou seja, uma linha de maior radicalidade e contestação da ordem opressora. [N. de S.F.]

O DEZOITO DE BRUMÁRIO

-burguês democrático. É traído e abandonado por esse em 16 de abril, em 15 de maio e nas jornadas de junho. O partido democrata, por sua vez, se apoia no partido republicano burguês. Assim que consideram firmada a sua posição os republicanos burgueses desvencilham-se do companheiro inoportuno e apoiam-se sobre os ombros do Partido da Ordem. O Partido da Ordem ergue os ombros fazendo cair aos trambolhões os republicanos burgueses e atira-se, por sua vez, nos ombros das forças armadas. Imagina manter-se ainda sobre estes ombros militares, quando, um belo dia, percebe que se transformaram em baionetas. Cada partido ataca por trás aquele que procura empurrá-lo para a frente e se apoia pela frente naquele que o empurra para trás. Não é de admirar que nessa postura ridícula perca o equilíbrio e, feitas as inevitáveis caretas, caia por terra em estranhas cabriolas. A revolução move-se, assim, em linha descendente. Encontra-se nesse estado de movimento regressivo antes mesmo de ser derrubada a última barricada de fevereiro e constituído o primeiro órgão revolucionário.

O período que temos diante de nós abrange a mais heterogênea mistura de contradições clamorosas: constitucionalistas que conspiram abertamente contra a constituição; revolucionários declaradamente constitucionalistas; uma Assembleia Nacional que quer ser onipotente e permanece sempre parlamentar; uma Montanha que encontra sua vocação na paciência e se consola de suas derrotas atuais com profecias de vitórias futuras; realistas que são *patres conscripti** da república e que são forçados pela situação a manter no estrangeiro as

---

* *Patres conscripti*: senadores romanos. [N. de Leandro Konder]

III

casas reais hostis, de que são partidários, e a manter na França a república que odeiam; um Poder Executivo que encontra sua força em sua própria debilidade e sua respeitabilidade no desprezo que inspira; uma república que nada mais é do que a infâmia combinada de duas monarquias, a Restauração e a Monarquia de Julho, com rótulo imperialista; alianças cuja primeira cláusula é a separação; lutas cuja primeira lei é a indecisão; agitação desenfreada e desprovida de sentido em nome da tranquilidade, os mais solenes sermões sobre a tranquilidade em nome da revolução; paixões sem verdade, verdades sem paixões, heróis sem feitos heroicos, história sem acontecimentos; desenvolvimento cuja única força propulsora parece ser o calendário, fatigante pela constante repetição das mesmas tensões e relaxamentos; antagonismos que parecem evoluir periodicamente para um clímax, unicamente para se embotarem e desaparecer sem chegar a resolver-se; esforços pretensiosamente ostentados e terror filisteu ante o perigo de o mundo acabar-se, e ao mesmo tempo as intrigas mais mesquinhas e comédias palacianas representadas pelos salvadores do mundo que, em seu *laisser aller** recordam mais do que o dia do juízo final os tempo da Fronda[†] — o gênio coletivo oficial da França reduzido a zero pela estupidez astuciosa de um único indivíduo; a vontade coletiva da nação, sempre que se manifesta por meio do sufrágio universal, buscando sua

---

* *Laisser aller*: deixar os acontecimentos seguirem seu curso. [N. de L.K.]

† La Fronde foi um período de oposição fraca e conturbada ao absolutismo na França, de expressão na nobreza e na burguesia (pré-capitalista, dos burgos). [N. de S.F.]

O DEZOITO DE BRUMÁRIO

expressão adequada nos inveterados inimigos dos interesses das massas, até que finalmente a encontra na obstinação de um filibusteiro. Se existe na história do mundo um período sem nenhuma relevância, é este. Os homens e os acontecimentos aparecem como Schlemihls* invertidos, como sombras que perderam seus corpos. A revolução paralisa seus próprios portadores, e dota apenas os adversários de uma força apaixonada. Quando o "espectro vermelho", continuamente conjurado e exorcizado pelos contrarrevolucionários, finalmente aparece, não traz à cabeça o barrete frígio da anarquia, mas enverga o uniforme da ordem, os *culotes vermelhos.*

Vimos que o ministério nomeado por Bonaparte, no dia de sua ascensão, 20 de dezembro de 1848, era um ministério do Partido da Ordem, da coligação legitimista e orleanista.[†] Esse ministério Barrot-Falloux sobreviveu à Assembleia Constituinte republicana, cuja vida útil havia cortado de um modo mais ou menos violento, e ainda se encontrava no comando. Changarnier, o general dos monarquistas coligados, continuou a reunir em sua pessoa o comando geral da

---

* Schlemihls: herói do Peter Schlemihl de Adalbert von Chamisso. Peter Schlemihl vendeu sua sombra por riquezas, pondo-se depois a procurá-la pelo mundo inteiro. [N. de L.K.]

† Ou seja, o ministério parlamentar de Bonaparte, composto pela ala legitimista de Falloux (partidária dos Bourbons e representante dos interesses latifundiários) e a ala orleanista de Barrot (partidária dos Orléans, como Luís Filipe, derrubado pela revolução de 1848, compondo o Partido da Ordem e se assumindo representante da grande burguesia). Recordamos que Marx relata o papel de Barrot na articulação da dissolução da Assembleia Constituinte, logo substituída pela Assembleia Legislativa.

III

Primeira Divisão do Exército e da Guarda Nacional de Paris. Finalmente, as eleições gerais haviam assegurado ao Partido da Ordem uma ampla maioria na Assembleia Nacional. Os deputados e pares de Luís Filipe defrontaram-se aqui com uma hoste sagrada de legitimistas, para os quais muitos dos votos da nação haviam-se transformado em cartões de ingresso para o teatro político. A representação bonapartista era por demais escassa para poder formar um partido parlamentar independente. Apareciam apenas como *mauvaise queue** do Partido da Ordem.† O Partido da Ordem encontrava-se, assim, de posse do poder governamental, do exército e do Poder Legislativo, em suma, de todo o poder estatal; foi moralmente fortalecido pelas eleições gerais, que fizeram aparecer o seu domínio como sendo a expressão da vontade do povo, e pelo simultâneo triunfo da contrarrevolução em todo o continente europeu.‡

Nunca um partido iniciou sua campanha com tantos recursos ou sob auspícios tão favoráveis.

---

* *Mauvaise queue*: apêndice ruim. [N. de L.K.]

† Aqui, Marx faz um apanhado da fragmentação interna do Partido da Ordem, especialmente as divisões entre legitimistas, orleanistas e bonapartistas mais conservadores. O partido domina a Assembleia Legislativa nas eleições de 13 e 14 de maio de 1849, levando a presença de seus membros a todas as esferas do poder estatal. [N. de S.F.]

‡ A Revolução de Fevereiro de 1848 não ocorreu de forma isolada na França. Foi parte de um período de aquecimento de lutas no continente europeu que também sofreram recuos e baques em outros países. Neste caso, a França é marcada, principalmente, primeiro pela derrota proletária em Paris em maio e depois pela repressão da Insurreição de junho, no mesmo ano. [N. de S.F.]

O DEZOITO DE BRUMÁRIO

Os republicanos puros naufragados verificaram que estavam reduzidos a um grupo de cerca de 50 homens na Assembleia Legislativa Nacional, chefiados pelos generais africanos Cavaignac, Lamoricière e Bedeau.[*] O grande partido da oposição, entretanto, era constituído pela Montanha: o partido *social-democrata* adotou no Parlamento este nome de batismo.[†] Comandava mais de 200 dos 750 votos da Assembleia Nacional e era, por conseguinte, pelo menos tão poderoso quanto qualquer das três frações do Partido da Ordem tomadas isoladamente. Sua inferioridade numérica em comparação com toda a coligação monarquista parecia estar compensada por circunstâncias especiais. Não só as eleições departamentais demonstraram que ele havia conquistado um número considerável de partidários entre a população rural como contava em suas fileiras com quase todos os deputados eleitos por Paris; o exército fizera profissão de fé democrática elegendo três suboficiais, e o líder da Montanha, Ledru-Rollin, em contraste com todos os representantes do Partido da Ordem,

---

[*] Os generais Cavaignac e Lamoricière compuseram de 28 de junho de 1848, da derrota da Insurreição de junho, até 20 de dezembro de 1848, quando é proclamado o novo presidente eleito Luís Bonaparte. Cavaignac foi o candidato governista à presidência, apoiado pelo republicano *Le National* e outros jornais relevantes, mas sua atuação repressora na insurreição de junho o tornou demasiado impopular. Cavaignac, Lamoricière e Bedeau foram governadores coloniais franceses na Argélia. [N. de S.F.]

[†] La Montagne, nome do partido social democrata na Assembleia Constituinte (1848) e na Assembleia Legislativa (1849-1851). La Montagne originalmente foi o nome do grupo político que, na Revolução Francesa do século XVIII, foi liderado por Maximilien Robespierre e se sentava em localização elevada na Convenção Nacional. [N. de S.F.]

III

foi elevado à nobreza parlamentar por cinco departamentos, que haviam concentrado nele a sua votação. Em vista dos inevitáveis choques entre os monarquistas e de todo o Partido da Ordem com Bonaparte, em 28 de maio de 1849 a Montanha parecia ter diante de si todos os elementos de êxito. Quinze dias depois havia perdido tudo, inclusive a honra.

Antes de prosseguirmos com a história parlamentar dessa época tornam-se necessárias algumas observações a fim de evitar as concepções errôneas tão comuns a respeito do caráter geral da época que temos diante de nós. Aos olhos dos democratas, o período da Assembleia Legislativa Nacional caracterizava-se pelo mesmo problema vivido durante a Assembleia Constituinte: a simples luta entre republicanos e monarquistas. Resumiam, entretanto, o movimento propriamente dito em uma só palavra: "reação" — noite em que todos os gatos são pardos e que lhes permite desfiar todos os seus lugares-comuns de guarda-noturno. E, certamente, à primeira vista, o Partido da Ordem revela um emaranhado de diferentes facções monarquistas, que não só intrigam uma contra a outra, cada qual tentando elevar ao trono o seu próprio pretendente e excluir o pretendente da facção contrária, como também se unem todas no ódio comum e nas investidas comuns contra a "república". Em contraste com essa conspiração monarquista, a Montanha, por seu lado, aparece como representante da "república". O Partido da Ordem parece estar perpetuamente empenhado em uma "reação", dirigida contra a imprensa, o direito de associações e coisas semelhantes, uma reação nem mais nem menos como a

O DEZOITO DE BRUMÁRIO

que sucedeu na Prússia, e que, como na Prússia, é exercida na forma de brutal interferência policial por parte da burocracia, da gendarmaria e dos tribunais. A Montanha, por sua vez, está igualmente ocupada em aparar esses golpes, defendendo assim os "eternos direitos do homem", como todos os partidos supostamente populares vêm fazendo, mais ou menos, há um século e meio. Quando, porém, se examina mais de perto a situação e os partidos, desaparece essa aparência superficial que dissimula a *luta de classes* e a fisionomia peculiar da época.

Os legitimistas e os orleanistas, como dissemos, formavam as duas grandes facções do Partido da Ordem. O que ligava estas facções aos seus pretendentes e as opunha uma à outra seriam apenas as flores-de-lis e a bandeira tricolor, a Casa dos Bourbons e a Casa de Orléans, diferentes matizes do monarquismo? Sob os Bourbons governou a *grande propriedade territorial*, com seus padres e lacaios; sob os Orléans, a alta finança, a grande indústria, o alto comércio, ou seja, o *capital*, com seu séquito de advogados, professores e oradores melífluos. A monarquia legitimista foi apenas a expressão política do domínio hereditário dos senhores de terra, como a Monarquia de Julho foi apenas a expressão política do usurpado domínio dos burgueses *arrivistas*. O que separava as duas facções, portanto, não era nenhuma questão de princípios, eram suas condições materiais de existência, duas diferentes espécies de propriedade, era o velho contraste entre a cidade e o campo, a rivalidade entre o capital e o latifúndio. Que havia, ao mesmo tempo, velhas recordações, inimizades pessoais, temores e esperanças, preconceitos e ilusões, simpatias

III

e antipatias, convicções, questões de fé e de princípio que as mantinham ligadas a uma ou a outra casa real — quem o nega? Sobre as diferentes formas de propriedade, sobre as condições sociais de existência, ergue-se toda uma superestrutura* de sensações, ilusões, modos de pensar e visões de vida distintas e peculiarmente constituídas. A classe inteira os cria e os forma sobre a base de suas condições materiais e das relações sociais correspondentes. O indivíduo isolado, que as adquire através da tradição e da educação, poderá imaginar que constituem os motivos reais e o ponto de partida de sua conduta. Embora orleanistas e legitimistas, embora cada facção se esforçasse por convencer-se e convencer os outros de que o que as separava era sua lealdade às duas casas reais, os atos provaram mais tarde que o que impedia a união de ambas era mais a divergência de seus interesses.† E assim como na vida privada se diferencia o que um homem pensa e diz de si mesmo do que ele realmente é e faz, nas lutas históricas deve--se distinguir mais ainda as frases e as fantasias dos partidos de sua formação real e de seus interesses reais, o conceito que fazem de si do que são na realidade. Orleanistas e legitimistas encontram-se lado a lado na república, com pretensões idênticas. Se cada lado desejava levar a cabo a *restauração de sua*

---

* Quando Marx se refere à "superestrutura", importante na discussão marxista de estrutura e superestrutura, ele usa tanto a palavra *Superstruktur* quanto *Überbau* (parte superior de uma construção), utilizada aqui nesta frase. [N. de S.F.]

† A análise de Marx aqui é essencial para a discussão marxista que nos atenta aos interesses de classe de cada grupo político, para além dos valores e preferências proclamados por cada um. [N. de S.F.]

O DEZOITO DE BRUMÁRIO

própria casa real, contra a outra, isto significava apenas que cada um dos *dois grandes interesses* em que se divide a *burguesia* — o latifúndio e o capital — procurava restaurar sua própria supremacia e suplantar o outro. Falamos em dois interesses da burguesia porque a grande propriedade territorial, apesar de suas tendências feudais e de seu orgulho de raça, tornou-se completamente burguesa com o desenvolvimento da sociedade moderna. Também os *tories** na Inglaterra imaginaram por muito tempo entusiasmar-se pela monarquia, a igreja e as maravilhas da velha Constituição inglesa, até que a hora do perigo lhes arrancou a confissão de que se entusiasmam apenas pela *renda territorial.*

Os monarquistas coligados intrigavam-se uns contra os outros pela imprensa, em Ems, em Claremont, fora do Parlamento. Atrás dos bastidores envergavam novamente suas velhas librés orleanistas e legitimistas e novamente se empenhavam nas velhas disputas. Mas diante do público, em suas grandes representações de Estado, como grande partido parlamentar, iludem suas respectivas casas reais com simples cortesias e adiam *in infinitum* a restauração da monarquia. Exercem suas verdadeiras atividades como *Partido da Ordem*, ou seja, sob um rótulo *social,* e não sob um rótulo *político*; como representantes do regime burguês, e não como paladinos de princesas errantes; como classe-burguesa contra as outras classes e não como monarquistas contra republicanos. E como Partido da Ordem exerciam um poder mais amplo

---

* Membros do partido conservador inglês. [N de L.K.]

92

III

e severo sobre as demais classes da sociedade do que jamais haviam exercido sob a Restauração ou sob a Monarquia de Julho, um poder que, de maneira geral, só era possível sob a forma de república parlamentar, pois apenas sob esta forma podiam os dois grandes setores da burguesia francesa unir-se e, assim, pôr na ordem do dia o domínio de sua classe, em vez do regime de uma facção privilegiada desta classe. Se, não obstante, como Partido da Ordem, insultavam também a república e manifestavam a repugnância que sentiam por ela, isto não era devido apenas a recordações monarquistas. O instinto ensinava-lhes que a república, é bem verdade, torna completo seu domínio político, mas ao mesmo tempo solapa suas fundações sociais, uma vez que têm agora de se defrontar com as classes subjugadas e lutar com elas sem qualquer mediação, sem poderem esconder-se atrás da coroa, sem poderem desviar o interesse da nação com as lutas secundárias que sustentavam entre si e contra a monarquia. Era um sentimento de fraqueza que os fazia recuar das condições puras do domínio de sua própria classe e ansiar pelas antigas formas, mais incompletas, menos desenvolvidas e, portanto, menos perigosas, desse domínio. Por outro lado, cada vez que os monarquistas coligados entram em conflito com o pretendente que se lhes opunha, com Bonaparte, cada vez que julgam sua onipotência parlamentar ameaçada pelo Poder Executivo, cada vez, portanto, que têm que exibir o título político de seu domínio, apresentam-se como *republicanos* e não como *monarquistas*, desde o orleanista Thiers, que adverte a Assembleia Nacional de que a república é o que menos os

O DEZOITO DE BRUMÁRIO

separa, até o legitimista Berryer que, em 2 de dezembro de 1851, cingindo uma faixa tricolor, discursou ao povo reunido diante da prefeitura do dixième arrondissement* em nome da república. No entanto, o eco lhe responde zombeteiramente: Henrique V! Henrique V![†]

Contra a burguesia coligada foi formada uma coalizão de pequeno-burgueses e operários, o chamado partido *social democrata*. A pequena burguesia percebeu que tinha sido mal recompensada depois das jornadas de junho de 1848, que seus interesses materiais corriam perigo e que as garantias democráticas que deviam assegurar a efetivação desses interesses estavam sendo questionadas pela contrarrevolução. Em vista disso aliou-se aos operários. Por outro lado, sua representação parlamentar, a Montanha, posta à margem durante a ditadura dos republicanos burgueses, reconquistou na segunda metade do período da Assembleia Constituinte sua popularidade perdida com a luta contra Bonaparte e os ministros monarquistas. Ela havia fechado uma aliança com os dirigentes socialistas. Em fevereiro de 1849 a reconciliação foi comemorada com banquetes. Foi elaborado um programa comum, organizados comitês eleitorais comuns e lançados candidatos comuns. Quebrou-se o aspecto revolucionário das reivindicações sociais do proletariado e deu-se a elas uma

---

* Décimo distrito de Paris. [N. de L.K.]

† Pierre-Antoine Berryer era legitimista do Partido da Ordem, portanto, apoiador da dinastia dos Bourbons. Henrique V, da casa real de Bourbon, foi muito brevemente rei da França, em 1930. Seu primo, Luís Felipe I, da casa real de Orléans, foi declarado rei em seu lugar pela Assembleia Nacional. [N. de S.F.]

III

feição democrática; despiu-se a forma puramente política das reivindicações democráticas da pequena burguesia e ressaltou--se seu aspecto socialista. Assim surgiu a *social-democracia*. A nova Montanha, resultado dessa combinação, continha, além de alguns figurantes tirados da classe operária e de alguns socialistas sectários, os mesmos elementos da velha Montanha, porém, mais fortes numericamente. Em verdade, ela se tinha modificado no curso do desenvolvimento, com a classe que representava. O caráter peculiar da social-democracia resume--se no fato de exigir instituições democrático-republicanas como meio não de acabar com dois extremos, capital e trabalho assalariado, mas de enfraquecer seu antagonismo e transformá-lo em harmonia. Por mais diferentes que sejam as medidas propostas para alcançar esse objetivo, por mais que sejam enfeitadas com concepções mais ou menos revolucionárias, o conteúdo permanece o mesmo. Esse conteúdo é a transformação da sociedade por um processo democrático, porém uma transformação dentro dos limites da pequena burguesia.* Só que não se deve formar a concepção estreita de que a pequena burguesia, por princípio, visa a impor um interesse de classe egoísta. Ela acredita, pelo contrário, que as condições *especiais* para sua emancipação são as condições gerais sem as quais a sociedade moderna não pode ser salva nem evitada a luta de classes. Não se deve imaginar, tampouco,

---

* A discussão de Marx sobre os limites do pensamento da social-democracia segue bastante pertinente hoje, onde perspectivas social-democratas avançam em direitos humanos e certas garantias, mas sem romper com os interesses do capital. [N. de S.F.]

O DEZOITO DE BRUMÁRIO

que os representantes democráticos sejam na realidade todos *shopkeepers* (lojistas) ou defensores entusiastas destes últimos. Segundo sua formação e posição individual podem estar tão longe deles como o céu da terra. O que os torna representantes da pequena burguesia é o fato de que não se pode ultrapassar na cabeça os limites que não se ultrapassa na vida, sendo eles, portanto, impelidos teoricamente para os mesmos problemas e soluções para os quais o interesse material e a posição social levam, na prática, à pequena burguesia. Esta é, em geral, a relação que existe entre os *representantes políticos* e *literários* de uma classe e a classe que representam.

Depois desta análise, é evidente que se a Montanha luta continuamente contra o Partido da Ordem em prol da república e dos chamados direitos do homem, nem a república nem os direitos do homem constituem seu objetivo final, assim como um exército que está prestes a ser privado de suas armas e que resiste, entrou no campo de batalha com o objetivo de conservar a posse de suas armas.

Logo que se reuniu a Assembleia Nacional, o Partido da Ordem provocou a Montanha. A burguesia sentia agora a necessidade de acabar com a pequena burguesia democrática, assim como um ano atrás[*] compreendera a necessidade de ajustar contas com o proletariado revolucionário. Apenas, a situação do adversário era diferente. A força do partido proletário estava nas ruas, ao passo que a da pequena burguesia

---

[*] A repressão do levante proletário de maio de 1848 e da Insurreição de junho de 1848. [N. de S.F.]

III

estava na própria Assembleia Nacional. Tratava-se, pois de atraí-los para fora da Assembleia Nacional, para as ruas, e fazer com que eles mesmos destroçassem sua força parlamentar antes que o tempo e as circunstâncias pudessem consolidá-la. A Montanha correu para a armadilha de corpo e alma.

O bombardeio de Roma pelas tropas francesas foi a isca que lhe atiraram. Violava o artigo 5 da Constituição, que proibia qualquer declaração de guerra por parte do Poder Executivo sem o assentimento da Assembleia Nacional, e em resolução de 8 de maio a Assembleia Constituinte expressou sua desaprovação à expedição romana. Baseado nisso, em 11 de junho de 1849, Ledru-Rollin apresentou um projeto de *impeachment* contra Bonaparte e seus ministros. Exasperado pelas alfinetadas de Thiers, deixou-se na realidade arrastar ao ponto de ameaçar defender a Constituição por todos os meios, inclusive de armas na mão. A Montanha levantou-se como um só homem e repetiu esse apelo às armas. Em 12 de junho, a Assembleia Nacional rejeitou o projeto de *impeachment* e a Montanha deixou o Parlamento. Os acontecimentos de 13 de junho são conhecidos: a proclamação lançada por uma ala da Montanha declarando Bonaparte e seus ministros "fora da Constituição!"; a passeata da Guarda Nacional democrática que, desarmada como estava, se dispersou ao defrontar as tropas de Changarnier etc. etc. Uma parte da Montanha fugiu para o estrangeiro; outra parte foi citada pelo Supremo Tribunal de Bourges, e uma resolução parlamentar submeteu os restantes à vigilância de bedel do presidente da Assembleia Nacional. O estado de sítio foi novamente declarado em Paris,

O DEZOITO DE BRUMÁRIO

e a ala democrática da Guarda Nacional, dissolvida. Quebrou-se, assim, a influência da Montanha no Parlamento e a força da pequena burguesia em Paris.

Lyon, onde o 13 de Junho foi o sinal para uma sangrenta insurreição operária, foi declarada sob estado de sítio juntamente com os cinco departamentos adjacentes, situação que perdura até o presente momento.*

A maior parte da Montanha abandonou sua vanguarda na hora difícil, recusando-se a assinar a proclamação. A imprensa desertou, apenas dois jornais ousando publicar o pronunciamento. A pequena burguesia traiu seus representantes, pelo fato de a Guarda Nacional ou não aparecer ou, onde apareceu, impedir o levantamento de barricadas. Os representantes, por sua vez, ludibriaram a pequena burguesia, pelo fato de que os seus pretensos aliados do exército não apareceram em lugar nenhum. Finalmente, em vez de ganhar forças com o apoio do proletariado, o partido democrático infectara o proletariado com sua própria fraqueza e, como costuma acontecer com os grandes feitos dos democratas, os dirigentes tiveram a satisfação de poder acusar o "povo" de deserção, e o povo, a satisfação de poder acusar seus dirigentes de o terem iludido.

Raramente fora uma ação anunciada com tanto alarde como a iminente campanha da Montanha, raramente foi anunciado um acontecimento com tanta segurança ou com tanta antecedência como a vitória inevitável da democracia. É

---

* Em *As Lutas de Classes na França de 1848 a 1850*, Marx relata mais detalhadamente os acontecimentos de junho de 1849 e suas consequências. [N. de S.F.]

III

mais do que certo que os democratas acreditam nas trombetas diante de cujos toques ruíram as muralhas de Jericó.* E sempre que enfrentam as muralhas do despotismo procuram imitar o milagre. Se a Montanha queria vencer no Parlamento, não devia ter apelado para as armas. Se apelou para as armas no Parlamento, não devia ter-se comportado nas ruas de maneira parlamentar. Se a demonstração pacífica tinha um caráter sério, então era loucura não prever que teria uma recepção belicosa. Se ali se pretendia realizar uma luta efetiva, então era uma ideia esquisita depor as armas com que teria que ser conduzida essa luta. Mas as ameaças revolucionárias da pequena burguesia e de seus representantes democráticos não passam de tentativas de intimidar o adversário. E quando se veem em um beco sem saída, quando se comprometeram o suficiente para tornar necessário levar a cabo suas ameaças, fazem-no então de maneira ambígua, que evita principalmente os meios de alcançar o objetivo, e tenta encontrar pretextos para sucumbir. A estrondosa abertura† que anuncia a luta perde-se em um murmúrio contido assim que a luta tem que começar; os atores deixam de se levar *a sério* e o ato murcha lamentavelmente, como um balão inflado que se fura com uma agulha.

Nenhum partido exagera mais os meios de que dispõe, nenhum se ilude com tanta leviandade sobre a situação como o partido democrático. Como uma ala do exército votou em seu

---

* Referência bíblica em que o muro de Jericó veio abaixo após o som das trombetas dos sacerdotes, ordenados por Josué, sob orientação divina. [N. de S.F.]

† *Ouvertüre*: abertura teatral. [N. de S.F.]

O DEZOITO DE BRUMÁRIO

favor, a Montanha estava agora convencida de que o exército se levantaria ao seu lado. E em que situação? Em uma situação que, do ponto de vista das tropas, não tinha outro significado senão o de que os revolucionários haviam se colocado ao lado dos soldados romanos, contra os soldados franceses. Por outro lado, as recordações de junho de 1848 ainda estavam muito frescas para provocar outra coisa que não fosse a profunda aversão do proletariado à Guarda Nacional e a completa desconfiança dos chefes das sociedades secretas em relação aos dirigentes democráticos. Para superar essas diferenças era necessário que grandes interesses comuns estivessem em jogo. A violação de um parágrafo abstrato da Constituição não poderia criar esses interesses. Não fora a Constituição violada repetidas vezes, segundo afirmavam os próprios democratas? Não haviam os periódicos mais populares estigmatizado essa Constituição como sendo obra desconchavada de contrarre-volucionários? Mas o democrata, por representar a pequena burguesia, ou seja, uma *classe de transição* na qual os interesses de duas classes perdem simultaneamente suas arestas, imagina estar acima dos antagonismos de classes em geral. Os demo-cratas admitem que enfrentam uma classe privilegiada, mas eles, com todo o resto da nação, constituem o *povo*. O que eles representam é o *direito do povo*; o que interessa a eles é *o interesse do povo*. Por isso, quando um conflito está iminente, não precisam analisar os interesses e as posições das diferentes classes. Não precisam pesar seus próprios recursos de maneira demasiado crítica. Tem apenas que dar o sinal e o *povo*, com todos os seus inexauríveis recursos, cairá sobre os *opressores*.

III

Mas se na prática seus interesses mostram-se sem interesse e sua potência, impotência, então ou a culpa cabe aos sofistas perniciosos, que dividem o *povo indivisível* em diferentes campos hostis, ou o exército estava por demais embrutecido e cego para compreender que os puros objetivos da democracia são o que há de melhor para ele, ou tudo fracassou devido a um detalhe na execução, ou então um imprevisto estragou desta vez a partida. Haja o que houver, o democrata sai da derrota mais humilhante, tão imaculado como era inocente quando entrou na questão, com a convicção recém-adquirida de que terá forçosamente que vencer, não porque ele e seu partido deverão abandonar o antigo ponto de vista, mas, pelo contrário, porque as condições têm que amadurecer para se porem de acordo com ele.

Não se deve imaginar, portanto, que a Montanha, dizimada e destroçada como estava, e humilhada pelo novo regulamento parlamentar, estivesse especialmente desconsolada. Se o 13 de junho removeu seus dirigentes, tinha, por outro lado, aberto vaga para homens de menor envergadura, que se sentiam lisonjeados com esta nova posição. Se sua impotência no Parlamento já não deixava lugar à dúvida, tinham agora o direito de limitar suas atividades a rasgos de indignação moral e ruidosa oratória. Se o Partido da Ordem simulava ver encarnados neles os últimos representantes oficiais da revolução e todos os horrores da anarquia, podiam mostrar-se na realidade ainda mais insípidos e modestos. Consolaram-se, entretanto, pelo 13 de junho, com esta sentença profunda:

O DEZOITO DE BRUMÁRIO

Mas se ousarem investir contra o sufrágio universal, bem, então lhes mostraremos de que somos capazes! *Nous verrons!**

Quanto aos *montagnards*[†] que haviam fugido para o estrangeiro, basta observar aqui que Ledru-Rollin, em vista de ter conseguido arruinar irremediavelmente, em menos de 15 dias, o poderoso partido que chefiava — via-se agora chamado a formar um governo francês *in partibus*[‡], que à medida que caía o nível da revolução e os maiorais oficiais da França oficial diminuíam de tamanho, sua figura à distância, fora do campo de ação, parecia crescer em estatura; que podia figurar como pretendente republicano para 1852, e que dirigia circulares periódicas aos valáquios e a outros povos, nas quais os déspotas do continente eram ameaçados com as façanhas dele e de seus confederados. Estaria Proudhon inteiramente errado quando gritou a esses senhores: *Vous n'étes que des blagueurs?*[§]

Em 13 de junho o Partido da Ordem não tinha apenas destroçado a Montanha: tinha efetuado a *subordinação da Constituição às decisões majoritárias* da Assembleia Nacional. E compreendia a república da seguinte maneira: que a burguesia governa aqui sob formas parlamentares, sem encontrar, como na monarquia, quaisquer barreiras tais como o veto do Poder Executivo ou o direito de dissolver o Parlamento. Esta era uma *república parlamentar*, como a denominou Thiers.

---

* *Nous verrons*: Veremos! [N. de L.K.]

† *Montagnards*: Deputados da Montanha. [N. de L.K.]

‡ Do latim *in partibus infidelium*. Refere-se a caráter honorífico, sem função. [N. de S.F.]

§ *Vous n'étes que des blagueurs*: "Não passais de fanfarrões." [N. de L.K.]

III

Mas se a burguesia assegurou em 13 de junho sua onipotência dentro do Parlamento, não tornou ao mesmo tempo o próprio Parlamento irremediavelmente fraco diante do Poder Executivo e do povo, expulsando a bancada mais popular? Entregando numerosos deputados, sem maiores formalidades, por intimação dos tribunais, ela aboliu suas próprias imunidades parlamentares. O regulamento humilhante a que submeteu a Montanha exaltava o presidente da República na mesma medida em que degradava os representantes do povo. Denunciando uma insurreição em defesa da carta constitucional como um ato de anarquia visando à subversão do regime, vedou a si própria a possibilidade de recorrer à insurreição no caso de o Poder Executivo violar contra ela a Constituição. E, por ironia da história, o general que por ordem de Bonaparte bombardeou Roma e forneceu, assim, o motivo imediato da revolta constitucional de 13 de junho, aquele mesmo Oudinot, seria o homem que o Partido da Ordem, suplicante e inutilmente, apresentaria ao povo em 2 de dezembro de 1851 como o general que defendia a Constituição contra Bonaparte. Outro herói do 13 de junho, Vieyra, que fora elogiado da tribuna da Assembleia Nacional pelas brutalidades que cometera nas redações de jornais democráticos à frente de um bando da Guarda Nacional pertencente aos altos círculos financeiros — este mesmo Vieyra foi iniciado na conspiração de Bonaparte e contribuiu essencialmente para privar a Assembleia Nacional, na hora de sua morte, de qualquer proteção por parte da Guarda Nacional.

O DEZOITO DE BRUMÁRIO

O 13 de junho tem ainda outro significado. A Montanha havia querido forçar o *impeachment* de Bonaparte. Sua derrota foi, portanto, uma vitória direta de Bonaparte, seu triunfo pessoal sobre seus inimigos democratas. O Partido da Ordem conquistou a vitória; Bonaparte tinha apenas que embolsá-la. Foi o que fez. Em 14 de junho, podia ler-se nos muros de Paris uma proclamação em que o presidente, relutantemente, como que a contragosto, compelido pela simples força dos acontecimentos, emerge de seu isolamento monástico e, como uma virtude ofendida, queixa-se das calúnias de seus adversários e, embora pareça identificar sua pessoa com a causa da ordem, antes identifica a causa da ordem com sua pessoa. Além disso, a Assembleia Nacional havia, é bem verdade, aprovado subsequentemente a expedição contra Roma, mas Bonaparte assumira a iniciativa da questão. Depois de reinstalar o pontífice Samuel no Vaticano, podia esperar que entraria nas Tulherias como novo rei David. Havia conquistado o apoio dos padres.

A revolta de 13 de junho limitou-se, como vimos, a uma passeata pacífica. Lauréis guerreiros não podiam, portanto, ser conquistados em sua repressão. Contudo, em uma época dessas, tão pobre de heróis e acontecimentos, o Partido da Ordem transformou esta batalha incruenta em uma segunda Austerlitz. Da tribuna e na imprensa elogiava-se o exército como o poder da ordem, em contraste com as massas populares, que representavam a impotência da anarquia, e se exaltava Changarnier como o "baluarte da sociedade", ilusão em que ele próprio veio finalmente a acreditar. Furtivamente,

III

porém, os corpos de tropa que pareciam duvidosos foram transferidos de Paris, os regimentos em que as eleições haviam produzido os resultados mais democráticos foram banidos da França para a Argélia, os espíritos turbulentos existentes entre as tropas foram relegados a destacamentos penais e, por fim, o isolamento entre a imprensa e o quartel e entre o quartel e a sociedade burguesa foi efetuado de maneira sistemática.

Chegamos aqui ao ponto decisivo da história da Guarda Nacional francesa. Em 1830, ela teve ação decisiva na queda da Restauração. Sob Luís Filipe abortaram todas as rebeliões nas quais a Guarda Nacional colocou-se ao lado das tropas. Quando nas jornadas de fevereiro de 1848 ela manteve uma atitude passiva diante da insurreição e uma atitude equívoca para com Luís Filipe, este considerou-se perdido e, efetivamente, estava perdido. Arraigou-se assim a convicção de que a revolução não poderia triunfar *sem* a Guarda Nacional nem o exército vencer *contra* ela. Era a superstição do exército sobre a onipotência burguesa. As jornadas de junho de 1848, quando toda a Guarda Nacional, juntamente com as tropas de linha, sufocou a insurreição, haviam reforçado essa superstição. Depois que Bonaparte assumiu o poder, a posição da Guarda Nacional foi, de certo modo, enfraquecida pela união inconstitucional, na pessoa de Changarnier, do comando de suas forças com o comando da Primeira Divisão do Exército.

Assim como o comando da Guarda Nacional aparecia aqui como atributo do comandante-geral do exército, a própria Guarda Nacional parecia ser um mero apêndice das tropas de linha. Finalmente, em 13 de junho seu poder foi

O DEZOITO DE BRUMÁRIO

quebrado, e não só por sua dissolução parcial, que daí por diante repetiu-se periodicamente por toda a França, até que dela restaram apenas meros fragmentos. A manifestação de 13 de junho foi, sobretudo, uma manifestação da Guarda Nacional democrática. Não tinham, é verdade, empunhado armas contra o exército, e sim envergado apenas sua farda; precisamente nessa farda, porém, estava o talismã. O exército convenceu-se de que esse uniforme era um pedaço de lã como qualquer outro. Quebrou-se o encanto. Nas jornadas de junho de 1848 a burguesia e a pequena burguesia, na qualidade de Guarda Nacional, tinham se unido ao exército contra o proletariado; em 13 de junho de 1849 a burguesia deixou que o exército dispersasse a Guarda Nacional pequeno- -burguesa; em 2 de dezembro de 1851 desapareceu a própria Guarda Nacional burguesa e Bonaparte limitou-se a registrar esse fato quando subsequentemente assinou o decreto de sua dissolução. A burguesia destruiu assim sua derradeira arma contra o exército, mas teve de fazê-lo em um momento no qual a pequena burguesia não mais a seguia como vassalo e sim levantava-se diante dela como rebelde, como de maneira geral teria forçosamente que destruir com suas próprias mãos todos os seus meios de defesa contra o absolutismo, tão logo se tornasse ela própria absolutista.

Enquanto isso, o Partido da Ordem celebrava a reconquista do poder que parecia ter-lhe escapado em 1848, apenas para voltar em 1849 sem limite algum, e celebrava-a por meio de afrontas contra a república e a Constituição, com maldições contra todas as revoluções presentes, passadas e futuras, in-

III

clusive as organizadas por seu próprio dirigente e por meio de leis que amordaçavam a imprensa, destruíam o direito de associação e faziam do estado de sítio uma instituição regular, orgânica. A Assembleia Nacional suspendeu então seus trabalhos desde meados de agosto até meados de outubro, depois de ter designado uma comissão permanente para representá-la durante o período de recesso. Durante esse recesso, os legitimistas conspiraram em Ems, os orleanistas em Claremont, Bonaparte por meio de excursões principescas, e os Conselhos Departamentais nas deliberações sobre a revisão da Constituição — incidentes que geralmente ocorrem nos períodos de recesso da Assembleia Nacional e que só comentarei quando constituírem acontecimentos. Basta acrescentar aqui que a Assembleia Nacional agiu impoliticamente desaparecendo de cena durante longos intervalos e deixando que aparecesse à frente da república uma única e mesmo assim triste figura, a de Luís Bonaparte, enquanto para escândalo do público o Partido da Ordem fragmentava-se em seus componentes monarquistas e entregava-se às suas divergências internas sobre a Restauração monárquica. Sempre que durante esses recessos se silenciava o barulho confuso do *Parlamento* e seus membros dissolviam-se pela nação, se tornava indubitavelmente claro que só faltava uma coisa para completar o verdadeiro caráter dessa república: tornar as férias permanentes e substituir a *Liberté, Égalité, Fraternité*, pelas palavras inequívocas: Infantaria, Cavalaria, Artilharia!

IV

EM MEADOS DE outubro de 1849 a Assembleia Nacional reuniu-se uma vez mais. Em 1º de novembro, Bonaparte surpreendeu-a com uma mensagem em que anunciava a demissão do ministério Barrot-Falloux e a formação de um novo ministério. Jamais alguém demitiu lacaios com tanta falta de cerimônia como Bonaparte a seus ministros. Os pontapés destinados à Assembleia Nacional foram, no momento, dados em Barrot e companhia.

O ministério Barrot, como vimos, fora composto de legitimistas e orleanistas, um ministério do Partido da Ordem. Bonaparte necessitava dele para dissolver a Assembleia Constituinte republicana, para levar a cabo a expedição contra Roma e para destroçar o partido democrático. Eclipsara-se aparentemente detrás desse ministério, entregara o poder governamental nas mãos do Partido da Ordem e assumira o modesto disfarce que o editor responsável de um jornal usara sob Luís Filipe, a máscara de *homme de paille*[*]. Agora

---

[*] *Homme de paille*: fantoche. [Nota de Leandro Konder]

O DEZOITO DE BRUMÁRIO

arremessava fora essa máscara que não constituía mais o véu diáfano atrás do qual podia esconder sua fisionomia, e sim uma máscara de ferro que o impedia de exibir uma fisionomia própria. Nomeou o ministério Barrot com o objetivo de quebrar a Assembleia Nacional em nome do Partido da Ordem; destituiu-o a fim de declarar-se independente da Assembleia Nacional do Partido da Ordem.

Não faltavam pretextos plausíveis para essa destituição. O ministério Barrot descuidava-se inclusive do decoro que teria permitido com que o presidente da República aparecesse como um poder ao lado da Assembleia Nacional. Durante o recesso da Assembleia Nacional, Bonaparte publicou uma carta dirigida a Edgar Ney na qual parecia desaprovar a atitude liberal do papa, da mesma forma que, quando se opusera à Assembleia Constituinte, publicara uma carta na qual elogiava Oudinot pelo ataque contra a república romana. Quando a Assembleia Nacional votou os créditos para a expedição romana, Victor Hugo, por um pretenso liberalismo, levantou a questão da carta. O Partido da Ordem sufocou com clamores desdenhosos e incrédulos a noção de que as ideias de Bonaparte pudessem ter qualquer importância política. Nenhum dos ministros levantou a luva em favor dele. Em outra ocasião, Barrot, com sua conhecida retórica oca, deixou escapar da tribuna palavras de indignação sobre as "abomináveis intrigas" que, segundo afirmava, se teciam nos círculos mais chegados ao presidente. Finalmente, embora o ministério tivesse obtido da Assembleia Nacional uma pensão de viuvez para a duquesa de Orléans, rejeitava toda e qualquer

IV

proposta que visasse a aumentar a Lista Civil do presidente. E em Bonaparte o pretendente imperial estava tão intimamente ligado com o aventureiro em maré de pouca sorte que sua grande ideia, a de que era chamado a restaurar o império, era sempre suplementada pela outra, de que o povo francês tinha a missão de pagar suas dívidas.

O ministério Barrot-Falloux foi o primeiro e último *ministério parlamentar* criado por Bonaparte. Sua destituição assinala, por conseguinte, uma reviravolta decisiva. O Partido da Ordem perdeu assim, para nunca mais reconquistar, uma posição indispensável para a manutenção do regime parlamentar, a alavanca do Poder Executivo. Torna-se imediatamente óbvio que em um país como a França, onde o Poder Executivo controla um exército de funcionários que é contabilizado em mais de meio milhão de indivíduos e portanto mantém uma imensa massa de interesses e de existências na mais absoluta dependência; onde o Estado amarra, controla, regula, superintende e mantém sob tutela a sociedade civil, desde suas mais amplas manifestações de vida até suas vibrações mais insignificantes, desde suas formas mais gerais de comportamento até a vida privada dos indivíduos; onde, através da mais extraordinária centralização, esse corpo de parasitas adquire uma ubiquidade, uma onisciência, uma capacidade de acelerada mobilidade e uma elasticidade que só encontra paralelo na dependência desamparada, no caráter caoticamente informe do próprio coro social — compreende-se que em semelhante país a Assembleia Nacional perde toda a influência real quando perde o controle das pastas ministeriais, se

O DEZOITO DE BRUMÁRIO

não simplifica ao mesmo tempo a administração do Estado, reduz o corpo de oficiais do exército ao mínimo possível e, finalmente, deixa a sociedade civil e a opinião pública criarem órgãos próprios, independentes do poder governamental. Mas é precisamente com a manutenção dessa dispendiosa máquina estatal em suas numerosas ramificações que os *interesses materiais* da burguesia francesa estão entrelaçados da maneira mais íntima. Aqui encontra postos para sua população excedente e compensa sob forma de vencimentos o que não pode embolsar sob a forma de lucros, juros, rendas e honorários. Por outro lado, seus *interesses políticos* forçavam-na a aumentar diariamente as medidas de repressão e, portanto, os recursos e o pessoal do poder estatal, enquanto tinha ao mesmo tempo que empenhar-se em uma guerra ininterrupta contra a opinião pública e receosamente mutilar e paralisar os órgãos independentes do movimento social, onde não conseguia amputá-los completamente. A burguesia francesa viu-se assim compelida por sua posição de classe a aniquilar, por um lado, as condições vitais de todo o poder parlamentar e, portanto, inclusive o seu próprio, e, por outro lado, a tornar irresistível o Poder Executivo que lhe era hostil.

O novo ministério chamava-se ministério d'Hautpoul. Não no sentido de que o general d'Hautpoul tivesse recebido o cargo de primeiro-ministro. Simultaneamente com a destituição de Barrot, Bonaparte aboliu essa dignidade que, é bem verdade, condenava o presidente da República à situação de nulidade legal de um monarca constitucional, porém um monarca constitucional sem trono nem coroa,

IV

sem cetro nem espada, sem direito à irresponsabilidade, sem a posse imprescritível da mais alta dignidade do Estado e, pior de tudo, sem Lista Civil.* O ministério d'Hautpoul possuía apenas um homem de projeção parlamentar, o agiota Fould, um dos elementos mais notórios da alta finança. Coube-lhe a pasta da Fazenda. Consultando-se as cotações da Bolsa de Paris verifica-se que de 19 de novembro de 1848 em diante os *fonds*† do governo francês sobem e descem com a subida ou a queda das ações bonapartistas. Enquanto Bonaparte encontrara assim seu aliado na Bolsa, chamou a si ao mesmo tempo o controle da polícia, nomeando Carlier chefe de Polícia de Paris.

Só no curso dos acontecimentos, porém, poderiam revelar-se as consequências da substituição de ministros. Em primeiro lugar, Bonaparte dera um passo à frente apenas para ser empurrado novamente para trás de maneira ainda mais conspícua. Sua mensagem brusca foi seguida da mais servil declaração de fidelidade à Assembleia Nacional. Sempre que os ministros ousavam fazer uma tentativa tímida de introduzir seus caprichos pessoais como propostas legislativas, eles mesmos pareciam realizar, só a contragosto e compelidos pelo cargo, *dèmarches* cômicas de cuja improficiência estavam de antemão convencidos. Sempre que Bonaparte declarava intempestivamente suas intenções às escondidas dos ministros

---

* Orçamento público destinado às despesas do monarca. [Nota de Sabrina Fernandes]

† *Fonds*: títulos do governo. [N. de L.K.]

O DEZOITO DE BRUMÁRIO

e entretinha-se com suas *idées na poléoniennes** seus próprios ministros desautorizavam-no da tribuna da Assembleia Nacional. Seus anseios de usurpação pareciam fazer-se ouvir apenas para que não silenciassem os risos malévolos de seus adversários. Comportava-se como um gênio incompreendido, a quem o mundo inteiro toma por um idiota. Nunca desfrutou o desprezo de todas as classes de maneira mais completa do que durante esse período. Nunca a burguesia governou de maneira mais absoluta, nunca exibiu com maior ostentação as insígnias de seu poder.

Não preciso entrar aqui na história de sua atividade legislativa, que se resume, neste período, em duas leis: a lei restabelecendo o *imposto sobre o vinho* e a *lei do ensino* abolindo a irreligiosidade. Se o consumo do vinho foi dificultado aos franceses, em compensação era-lhes servido em abundância o licor da eternidade. Se na lei do imposto do vinho a burguesia declarava inviolável o velho e odioso sistema tributário francês, procurava através da lei do ensino assegurar entre as massas o velho estado de espírito conformista. É espantoso ver os orleanistas, os burgueses liberais, esses velhos apóstolos do voltairianismo e da filosofia eclética, confiarem a seus inimigos tradicionais, os jesuítas, a supervisão do espírito francês. Por mais que divergissem os orleanistas e legitimistas a respeito dos pretendentes ao trono, compreendiam que para assegurar seu domínio unificado era necessário unificar os meios de repressão de duas épocas, que os meios de subjugação da monarquia

---

* *Idées na poléoniennes*: ideias napoleônicas. [N. de L.K.]

114

IV

de julho tinham que ser complementados e reforçados com os meios de subjugação da Restauração.*

Os camponeses, desapontados em todas as suas esperanças, esmagados mais do que nunca, de um lado pelo baixo nível dos preços do grão e de outro pelo aumento dos impostos e das dívidas hipotecárias, começaram a agitar-se nos Departamentos. A resposta foi uma investida contra os mestres-escolas, que foram submetidos ao clero, uma investida contra os *maires*,[†] que foram submetidos aos alcaides,[‡] e um sistema de espionagem ao qual todos estavam sujeitos. Em Paris e nas grandes cidades a própria reação reflete o caráter da época, e provoca mais do que reprime. No campo torna-se monótona, vulgar, mesquinha, cansativa e vexatória — em suma, o gendarme. Compreende-se como três anos de regime de gendarme, consagrado pelo regime da Igreja, desmoralizaram as massas imaturas.

Por maior que fosse o entusiasmo e a eloquência empregada pelo Partido da Ordem contra a minoria, do alto da tribuna da Assembleia Nacional, seus discursos permaneciam monossilábicos como os dos cristãos, cujas palavras devem se limitar a: sim, sim, não, não! Tão monossilábicos na tribuna como na imprensa. Insípidos como uma charada cuja solu-

---

* A Restauração Francesa (1814-1830), anterior à Monarquia de Julho, também é um período relevante de retomada de influência e poder da Igreja Católica na França. [N. de S.F.]

† *Maires*: prefeitos. [N. de L.K.]

‡ *Préfets* (*Präfekten* no original): oficiais do serviço civil com funções administrativas nos territórios. [N. de S.F.]

O DEZOITO DE BRUMÁRIO

ção já é conhecida. Quer se tratasse do direito de petição ou do imposto sobre o vinho, da liberdade de imprensa ou da liberdade de comércio, de clubes ou da carta municipal, da proteção da liberdade individual ou da regulamentação do orçamento do Estado, a senha se repete constantemente, o tema permanece sempre o mesmo, o veredito está sempre pronto e reza invariavelmente: *socialismo!* Até o liberalismo burguês é declarado socialista, o desenvolvimento cultural da burguesia é socialista, a reforma financeira burguesa é socialista. Era socialismo construir uma ferrovia onde já existisse um canal, e era socialismo defender-se com uma vara quando se era atacado com uma espada.

Isto não era mera figura de retórica, questão de moda ou tática partidária. A burguesia tinha uma noção exata do fato de que todas as armas que forjara contra o feudalismo voltavam seu gume contra ela, que todos os meios de cultura que criara rebelavam-se contra sua própria civilização, que todos os deuses que inventara a tinham abandonado. Compreendia que todas as chamadas liberdades burguesas e órgãos e progresso atacavam e ameaçavam seu *domínio de classe*, e tinham, portanto, se convertido em "socialistas". Nessa ameaça e nesse ataque ela discernia com acerto o segredo do socialismo, cujo sentido e tendência avaliava com maior precisão do que o próprio pretenso socialismo; este não pode compreender por que a burguesia endurece cruelmente seu coração contra ele, se ele lamenta com sentimentalismo os sofrimentos da humanidade, ou se profetiza com espírito cristão a era milenar e a fraternidade universal, ou se em estilo humanista tagarela

116

IV

sobre o espírito, a cultura e a liberdade, ou se à moda doutrinária excogita de um sistema para a conciliação e bem-estar de todas as classes. O que a burguesia não alcançou, porém, foi a conclusão lógica de que *seu próprio regime parlamentar*, seu *poder político* de maneira geral, estava agora também a enfrentar o veredito condenatório geral de *socialismo*. Enquanto o domínio da classe burguesa não se tivesse organizado completamente, enquanto não tivesse adquirido sua pura expressão política, o antagonismo das outras classes não podia, igualmente, mostrar-se em sua forma pura, e onde aparecia não podia assumir o aspecto perigoso que converte toda luta contra o poder do Estado em uma luta contra o capital. Se em cada vibração de vida na sociedade ela via a "tranquilidade" ameaçada, como podia aspirar a manter à frente da sociedade um *regime de desassossego*, seu próprio regime, o *regime parlamentar*, esse regime que, segundo a expressão de um de seus porta-vozes, vive em luta e pela luta? O regime parlamentar vive do debate; como pode proibir os debates? Cada interesse, cada instituição social, é transformado aqui em ideias gerais, debatido como ideias; como pode qualquer interesse, qualquer instituição, afirmar-se acima do pensamento e impor-se como artigo de fé? A luta dos oradores na tribuna evoca a luta dos escribas na imprensa; o clube de debates do Parlamento é necessariamente suplementado pelos clubes de debates dos salões e das tabernas; os representantes, que apelam constantemente para a opinião pública, dão à opinião pública o direito de expressar sua verdadeira opinião nas petições. O regime parlamentar deixa tudo à decisão das

O DEZOITO DE BRUMÁRIO

maiorias; como então as grandes maiorias fora do Parlamento não hão de querer decidir? Quando se toca música nas altas esferas do Estado, que se pode esperar dos que estão embaixo, senão que dancem?

Assim, denunciando agora como "socialista" tudo o que anteriormente exaltara como "liberal", a burguesia reconhece que seu próprio interesse lhe ordena subtrair-se aos perigos do *self-government*[*]; que, a fim de restaurar a calma no país, é preciso antes de tudo restabelecer a calma no seu Parlamento burguês; que, a fim de preservar intacto o seu poder social, seu poder político deve ser destroçado; que o burguês particular só pode continuar a explorar as outras classes e a desfrutar pacatamente a propriedade, a família, a religião e a ordem sob a condição de que sua classe seja condenada, juntamente com as outras, à mesma nulidade política; que, a fim de salvar sua bolsa, deve abrir mão da coroa, e que a espada que a deve salvaguardar é fatalmente também uma espada de Dâmocles[†] suspensa sobre sua cabeça.

No campo dos interesses gerais da burguesia, a Assembleia Nacional mostrava-se tão improdutiva que, por exemplo, os debates sobre a estrada de ferro Paris–Avignon, que começaram no inverno de 1850, não tinham sido concluídos ainda em 2 de dezembro de 1851. Onde não reprimia ou exercia uma atuação reacionária, estava atacada de incurável esterilidade.

---

[*] *Self-government*: autogoverno. [N. de L.K.]

[†] Na anedota, Dâmocles é um cortesão na corte de Dionísio e a espada de Dâmocles representa a sensação de medo e insegurança em que aquele com grande poder vive. [N. de S.F.]

IV

Enquanto o ministério assumia em parte a iniciativa de formular leis dentro do espírito do Partido da Ordem, e em parte superava mesmo a violência daquele partido na execução e fiscalização das mesmas, o próprio Bonaparte, por outro lado, através de propostas tolas e infantis, tentava ganhar popularidade, ressaltar sua oposição à Assembleia Nacional, e aludir a reservas secretas que estavam apenas temporariamente impedidas pela situação de porem seus tesouros ocultos à disposição do povo francês. Para isso, opôs que se decretasse um aumento de quatro *sous*[*] por dia no soldo dos suboficiais; para isso, propôs a criação de um banco para conceder créditos de honra aos operários. Dinheiro como dádiva e dinheiro como empréstimo, era com perspectivas como essas que esperava atrair as massas. Donativos e empréstimos — resume-se nisso a ciência financeira do *lúmpen proletariado*, tanto de alto como de baixo nível. Essas eram as únicas alavancas que Bonaparte sabia movimentar. Nunca um pretendente especulou mais vulgarmente com a vulgaridade das massas.

A Assembleia Nacional inflamou-se repetidas vezes com essas inegáveis tentativas de ganhar popularidade à sua custa, com o crescente perigo de que esse aventureiro, esporeado pelas dívidas e sem reputação que o freasse, se lançasse a um golpe desesperado. A divergência entre o Partido da Ordem e o presidente assumira um caráter ameaçador quando um

---

* *Sous*: moeda de 5 cêntimos do franco. [N. de L.K.]

O DEZOITO DE BRUMÁRIO

acontecimento inesperado atirou o segundo, contrito, nos braços do primeiro. Referimo-nos às *eleições suplementares de 10 de março de 1850*. Essa eleição foi realizada com o propósito de preencher as cadeiras de deputados que haviam ficado vazias depois de 13 de junho em virtude da prisão ou do exílio de seus ocupantes. Paris elegeu apenas candidatos social-democratas. Concentrou mesmo a maioria dos votos em um insurreto de junho de 1848, Deflotte. Assim a pequena burguesia de Paris, aliada ao proletariado, vingou-se da derrota sofrida em 13 de junho de 1849. O proletariado parecia ter-se afastado do campo de batalha na hora do perigo só para reaparecer em ocasião mais propícia com maior número de combatentes e um grito de guerra mais audaz. Uma circunstância parecia ressaltar o perigo dessa vitória eleitoral. O exército votou em Paris a favor do insurreto de junho e contra La Hitte, ministro de Bonaparte, e nos departamentos principalmente a favor dos *montagnards*, que também aqui, embora de maneira não tão decisiva como em Paris, mantinham ascendência sobre seus adversários.

Bonaparte viu-se de repente confrontado outra vez com a revolução. Da mesma forma que em 29 de janeiro de 1849 e em 13 de junho de 1849, também, em 10 de março de 1850, desapareceu atrás do Partido da Ordem. Rendeu-lhe tributo, pediu perdão de maneira pusilânime, prontificou-se a nomear o ministério que quisessem por indicação da maioria parlamentar, chegou ao ponto de implorar aos dirigentes dos partidos orleanistas e legitimistas, aos Thiers, Berryers, Brogliés,

120

IV

Molés, em suma, os chamados burgraves,* que assumissem eles próprios a direção do Estado. O Partido da Ordem mostrou-se incapaz de se beneficiar com essa oportunidade que não mais se repetiria. Em vez de assumir corajosamente o poder que lhe era oferecido, nem sequer obrigou Bonaparte a reintegrar o ministério que dissolvera em 1º de novembro; contentou-se em humilhá-lo com seu perdão e incorporar o Sr. *Baroche* ao ministério d'Hautpoul. Na qualidade de promotor público esse Baroche investira e debatera perante o Supremo Tribunal de Bourges, a primeira vez contra os revolucionários de 15 de maio, a segunda contra os democratas de 13 de junho, ambas as vezes a pretexto de atentado contra a Assembleia Nacional. Pois bem: nenhum dos ministros de Bonaparte contribuiu mais, subsequentemente, para a degradação da Assembleia Nacional, e depois de 2 de dezembro de 1851, nós o encontramos novamente bem instalado e muitíssimo bem pago como vice-presidente do Senado. Cuspiu na sopa dos revolucionários para que Bonaparte pudesse tomá-la.

O partido social-democrata, por seu lado, parecia apenas procurar pretextos para pôr novamente em dúvida sua vitória e quebrar sua agressividade. Vidal, um dos representantes recém-eleitos por Paris, fora eleito simultaneamente por Estrasburgo. Induziram-no a abrir mão da diplomação por Paris e aceitar a de Estrasburgo. E assim, em vez de tornar definitiva

---

* Trata-se da secretaria dos deputados do Partido da Ordem na Assembleia Legislativa. Aos seus membros dava-se ironicamente o nome de burgraves (do drama *Os Burgraves*, de Victor Hugo) para indicar a importante ambição de poder e as aspirações feudais dos monárquicos. [N. de L.K.]

O DEZOITO DE BRUMÁRIO

sua vitória nas urnas e obrigar portanto o Partido da Ordem a contestá-la imediatamente no Parlamento, em vez de forçar o adversário a lutar em um momento de entusiasmo popular e em que o exército se mostrava favorável, o partido democrata esgotou Paris durante os meses de março e abril com uma nova campanha eleitoral, deixou que a exaltação das paixões populares se perdesse nesse repetido jogo eleitoral, deixou que a energia revolucionária se saciasse com os êxitos constitucionais, se dissipasse em intrigas mesquinhas, oratória oca e manobras falsas, deixou que a burguesia reunisse suas forças e fizesse seus preparativos e, finalmente, permitiu que o significado das eleições de março encontrasse um comentário sentimentalmente enfraquecedor na eleição suplementar de abril, em que foi eleito Eugène Sue. Em resumo, transformou o 10 de março em um 1º de abril.*

A maioria parlamentar percebeu a debilidade de seu adversário. Seus 17 burgraves — pois Bonaparte deixara-lhes a direção e a responsabilidade do ataque — elaboraram uma nova lei eleitoral cuja apresentação foi confiada ao Sr. Faucher, que solicitou essa honra para si. Em 8 de maio apresentou a lei segundo a qual seria abolido o sufrágio universal, seria imposta a condição de que os eleitores residissem pelo menos três anos na circunscrição eleitoral e, finalmente, tornaria a

---

* No original, em *sie schickte den 10. März in den April* não há referência direta a primeiro de abril, mas a maioria das traduções existentes falam de primeiro de abril ou dia da mentira, pela simbologia da data em abril e o significado para Marx de mudanças abruptas. A tradução literal seria: "Ela enviou 10 de março para abril." [N. de S.F.]

IV

prova de domicílio dependente, no caso dos operários, de um atestado fornecido pelos patrões.

Da mesma forma por que os democratas tinham, em estilo revolucionário, agitado os espíritos e feito demonstrações de violência durante a campanha eleitoral constitucional, agora, quando se tornava necessário provar o caráter sério dessa vitória de armas na mão, em estilo constitucional pregavam a ordem, "majestosa serenidade", a atuação legal, ou seja, a submissão cega à vontade da contrarrevolução, que se impunha como lei. Durante os debates, a Montanha envergonhou o Partido da Ordem, afirmando, contra sua paixão revolucionária, a atitude desapaixonada do homem de bem que se mantém dentro da lei, e fulminando aquele partido com a acusação terrível de que procedera de maneira revolucionária. Mesmo os deputados recém-eleitos se esmeravam em provar, com sua atitude correta e discreta, o absurdo que era atacá-los como anarquistas e atribuir sua eleição a uma vitória da revolução. Em 31 de maio foi aprovada a nova lei eleitoral. A Montanha contentou-se em enfiar sorrateiramente um protesto no bolso do presidente da assembleia. À lei eleitoral seguiu-se uma nova lei de imprensa, pela qual a imprensa revolucionária foi totalmente suprimida. Merecera essa sorte. O *National* e *La Presse*, dois órgãos burgueses, ficaram depois desse dilúvio como a guarda mais avançada da revolução.

Vimos como durante os meses de março e abril os dirigentes democráticos haviam feito tudo para envolver o povo de Paris em uma luta falsa e como, depois de 8 de maio, fizeram tudo para desviá-lo da luta efetiva. Além disso, não

O DEZOITO DE BRUMÁRIO

devemos esquecer de que o ano de 1850 foi um dos anos mais esplêndidos de prosperidade industrial e comercial, e o proletariado de Paris atravessa, assim, uma fase de pleno emprego. A lei eleitoral de 31 de maio de 1850, porém, o excluiu de qualquer participação no poder político. Isolou-o da própria arena. Atirou novamente os operários à condição de párias que haviam ocupado antes da Revolução de Fevereiro. Deixando-se dirigir pelos democratas diante de um tal acontecimento e esquecendo os interesses revolucionários de sua classe por um bem-estar momentâneo, os operários renunciaram à honra de se tornarem uma força vencedora, submeteram-se a sua sorte, provaram que a derrota de junho de 1848 os pusera fora de combate por muitos anos e que o processo histórico teria por enquanto que passar *por cima* de suas cabeças. No que concerne à pequena burguesia — que em 13 de junho gritou: "Mas se ousarem investir contra o sufrágio universal, bem, então lhes mostraremos de que somos capazes!" —, contentava-se agora em discutir que o golpe contrarrevolucionário que a atingiu não era golpe e que a lei de 31 de maio não era lei. No segundo domingo de maio de 1852 todos os franceses compareceriam às urnas empunhando em uma das mãos a cédula eleitoral e na outra a espada. Satisfez-se com essa profecia. Finalmente, o exército foi punido por seus oficiais superiores em vista das eleições de março e abril de 1850, como o tinha sido em 28 de maio de 1849. Desta vez, porém, declarou com decisão: "A revolução não nos enganará uma terceira vez."

IV

A lei de 31 de maio de 1850 era o golpe de Estado da burguesia. Todas as vitórias até então conquistadas sobre a revolução tiveram apenas um caráter provisório. Viam-se ameaçadas assim que cada Assembleia Nacional saía de cena. Dependiam dos riscos de uma nova eleição geral, e a história das eleições a partir de 1848 demonstrava irrefutavelmente que a influência moral da burguesia sobre as massas populares ia se perdendo na mesma medida em que se desenvolvia seu poder efetivo. Em 10 de março o sufrágio universal declarou-se diretamente contrário à dominação burguesa; a burguesia respondeu declarando ilegal o sufrágio universal. A lei de 31 de maio era, portanto, uma das necessidades da luta de classes. Por outro lado, a Constituição estabelecia um mínimo de 2 milhões de votos para tornar válidas a eleição do presidente da República. Se nenhum dos candidatos à presidência recebesse esse mínimo de sufrágios, a Assembleia Nacional deveria escolher o presidente entre os três candidatos mais votados. Na época em que a Assembleia Constituinte elaborara essa lei as listas eleitorais registravam 10 milhões de eleitores. Em sua opinião, portanto, um quinto do eleitorado era suficiente para tornar válida a eleição presidencial. A lei de 31 de maio cortou das listas eleitorais pelo menos 3 milhões de votantes, reduziu para 7 milhões o número de eleitores e, não obstante, manteve o mínimo legal de 2 milhões de votos para a eleição presidencial. Elevou, portanto, o mínimo legal de um quinto para quase um terço dos eleitores, ou seja, fez tudo para retirar a eleição do presidente das mãos do povo e

O DEZOITO DE BRUMÁRIO

entregá-la nas mãos da Assembleia Nacional. Assim, através da lei eleitoral de 31 de maio, o Partido da Ordem parecia ter tornado seu domínio duplamente garantido, entregando a eleição da Assembleia Nacional e do presidente da República ao setor mais estacionário da sociedade.

V

UMA VEZ SUPERADA a crise revolucionária e abolido o sufrágio universal, irrompeu novamente a luta entre a Assembleia Nacional e Bonaparte.

A Constituição fixou em 600 mil francos o estipêndio de Bonaparte. Dentro de pouco mais de seis meses após sua posse ele conseguiu elevar para o dobro essa importância, pois Odilon Barrot arrancou da Assembleia Nacional Constituinte uma verba suplementar de 600 mil francos para despesas ditas de representação. Depois do 13 de junho [de 1849], Bonaparte provocou solicitações semelhantes, sem, contudo, despertar o apoio de Barrot. Agora, depois de 31 de maio [de 1850], valeu-se imediatamente do momento favorável para fazer com que seus ministros propusessem à Assembleia Nacional uma Lista Civil de 3 milhões. Uma longa e aventureira vida de vagabundo dotou-o de antenas desenvolvidas para sondar os momentos de fraqueza em que poderia extorquir dinheiro de seus burgueses. Praticava uma *chantage en règle*.* A Assembleia Nacional violou a soberania

---

* *Chantage en règle*: chantagem em regra. [Nota de Leandro Konder]

O DEZOITO DE BRUMÁRIO

do povo com sua ajuda e aquiescência. Ele ameaçava denunciar esse crime ao tribunal do povo a menos que a Assembleia afrouxasse os cordões da bolsa e comprasse seu silêncio por 3 milhões anuais. A Assembleia despojou 3 milhões de franceses do direito de voto. Ele exigia para cada francês posto fora de circulação um franco em moeda circulante, ou seja, precisamente 3 milhões de francos. Ele, o eleito de 6 milhões, reclamava indenização pelos votos que, segundo declarava, lhe tinham sido retrospectivamente roubados. A Comissão da Assembleia Nacional repeliu o inoportuno. A imprensa bonapartista ameaçou. Podia a Assembleia Nacional romper com o presidente da República em um momento em que rompera definitivamente, no fundamental, com a massa da nação? Rejeitou a Lista Civil, é verdade, mas concedeu, por essa única vez, uma verba suplementar de 2.160.000 francos. Tornou-se assim culpada da dupla fraqueza de conceder verbas e demonstrar ao mesmo tempo, com sua irritação, que o fazia a contragosto. Veremos mais adiante para que fins Bonaparte necessitava do dinheiro. Após esses sucessos vexatórios, que seguiram imediatamente a abolição do sufrágio universal e nos quais Bonaparte substituiu a atitude humilde que adotara durante a crise de março e abril pela impudência desafiadora do Parlamento usurpador, a Assembleia Nacional suspendeu suas sessões por três meses, de 11 de agosto a 11 de novembro [de 1850]. Em seu lugar deixou uma Comissão Permanente de 28 membros, que embora não incluísse nenhum bonapartista incluía alguns republicanos moderados. A Comissão Permanente de 1849 incluíra apenas homens do Partido da

V

Ordem e bonapartistas. Mas naquela época o Partido da Ordem se declarava firmemente contrário à revolução. Desta vez a república parlamentar declarou-se firmemente contrária ao presidente. Depois da lei de 31 de maio, era este o único rival com que se defrontava ainda o Partido da Ordem.

Quando a Assembleia Nacional se reuniu novamente em novembro de 1850, parecia que, em vez das mesquinhas escaramuças que tivera até então com o presidente, uma grande luta implacável, uma luta de vida ou de morte entre os dois poderes, tornara-se inevitável.

Da mesma forma que em 1849, também durante o recesso parlamentar desse ano [de 1850], o Partido da Ordem fragmentara-se em facções distintas, cada qual ocupada com suas próprias intrigas de Restauração, que haviam adquirido novas forças com a morte de Luís Filipe. O rei legitimista, Henrique V, chegara a nomear um ministério formal, que residia em Paris e do qual participavam membros da Comissão Permanente. Bonaparte, por sua vez, tinha assim o direito de empreender uma excursão pelos Departamentos da França e, dependendo da recepção que encontrava nas cidades que honrava com sua presença, divulgar, mais ou menos veladamente ou mais ou menos abertamente, seus próprios planos de Restauração e buscar votos para si mesmo. Nessas excursões, que o grande *Moniteur* oficial e os pequenos *Moniteurs* privados de Bonaparte tinham naturalmente que celebrar como triunfais, o presidente era constantemente acompanhado por elementos filiados à *Sociedade de 10 de Dezembro*. Essa sociedade originou-se em 1849. A pretexto de

O DEZOITO DE BRUMÁRIO

fundar uma sociedade beneficente, o *lumpemproletariado* de Paris foi organizado em facções secretas, dirigidas por agentes bonapartistas e sob a chefia geral de um general bonapartista. Lado a lado com *roués** decadentes, de fortuna duvidosa e de origem duvidosa, lado a lado com arruinados e aventureiros rebentos da burguesia, havia vagabundos, soldados desligados do exército, presidiários libertos, forçados foragidos das galés, chantagistas, saltimbancos, *lazzarani*,† batedores de carteira, trapaceiros, jogadores, *maquereaus*,‡ donos de bordéis, carregadores, escritores, tocadores de realejo, trapeiros, amoladores de facas, soldadores, mendigos — em suma, toda essa massa indefinida e desintegrada, atirada de meca em meca, que os franceses chamam *la bohème*; com esses elementos afins Bonaparte formou o núcleo da Sociedade de 10 de Dezembro. "Sociedade beneficente" no sentido de que todos os seus membros, como Bonaparte, sentiam necessidade de se beneficiar às expensas da nação laboriosa; esse Bonaparte, que se erige em *chefe do lumpemproletariado*, que só aqui reencontra, em massa, os interesses que ele pessoalmente persegue, que reconhece nessa escória, nesse refugo, nessa sobra de todas as classes a única classe em que pode apoiar-se incondicionalmente, é o verdadeiro Bonaparte, o Bonaparte *sans phrase*.§ Velho e astuto *roué*, concebe a vida histórica das nações e os

---

* *Roués*: depravados, libertinos. [Nota de Sabrina Fernandes]
† Referência a grupos de pessoas em situação de rua, consideradas vadias, que agiam de forma coletiva. [N. de S.F.]
‡ *Maquereaus*: alcoviteiros. [N. de L.K.]
§ *Sans frase*: sem peculiaridades ou qualificações adicionais. [N. de S.F.]

V

grandes feitos do Estado como comédia em seu sentido mais vulgar, como uma mascarada em que as fantasias, frases e gestos servem apenas para disfarçar a mais tacanha vilania. Assim foi na sua expedição a Estrasburgo, em que um corvo suíço amestrado desempenhou o papel da águia napoleônica. Para a sua irrupção em Boulogne veste alguns lacaios londrinos em uniformes franceses; eles representam o exército.* Na sua Sociedade de 10 de Dezembro reúne dez mil indivíduos desclassificados, que deverão desempenhar o papel do povo como Nick Bottom representara o papel do leão.† Em um momento em que a própria burguesia representava a mais completa comédia, mas com a maior seriedade do mundo, sem infringir qualquer das condições pedantes da etiqueta dramática francesa, e estava ela própria meio iludida e meio convencida da solenidade de sua própria maneira de governar, o aventureiro que considerava a comédia simples comédia tinha forçosamente que vencer. Só depois de eliminar seu solene adversário, só quando ele próprio assume a sério o seu papel imperial, e sob a máscara napoleônica imagina ser o verdadeiro Napoleão, só aí ele se torna vítima de sua própria concepção do mundo, o bufão sério que não mais toma a história universal por uma comédia e sim a sua própria comédia pela história universal. O que os *ateliers* nacionais eram para

---

* A primeira tentativa infrutífera de golpe de Estado feita por Luís Bonaparte teve lugar em Estrasburgo, em 1836. Sua segunda tentativa, igualmente infrutífera, foi em Boulogne, onde desembarcou em 1840 para se proclamar imperador. [N. de L.K.]

† Alusão à comédia de Shakespeare *Sonho de uma noite de verão*. [N. de L.K.]

O DEZOITO DE BRUMÁRIO

os operários socialistas, o que os *Gardes mobiles* eram para os republicanos burgueses, a Sociedade de 10 de Dezembro, a força de luta do partido característico de Bonaparte, era para ele. Em suas viagens, os destacamentos dessa sociedade, superlotando as estradas de ferro, tinham que improvisar público, encenar entusiasmo popular, urrar *vive l'Empereur*,* insultar e espancar republicanos; tudo, é claro, sob a proteção da polícia. Nas viagens de regresso a Paris tinham que formar a guarda avançada, impedir ou dispersar manifestações contrárias. A Sociedade de 10 de Dezembro lhe pertencia, era obra *sua,* ideia inteiramente sua. Tudo mais de que se apropria é posto em suas mãos pela força das circunstâncias; tudo o mais que faz é obra das circunstâncias ou simples cópia dos feitos de outros. Mas o Bonaparte que se apresenta em público, perante os cidadãos, com frases oficiais sobre a ordem, a religião, a família e a propriedade, trazendo atrás de si a sociedade secreta dos Schufterles e Spiegelberges,† a sociedade da desordem, da prostituição e do roubo — esse é o verdadeiro Bonaparte, o Bonaparte autor original, e a história da Sociedade de 10 de Dezembro é a sua própria história. Haviam ocorrido casos, porém, de um outro representante do povo pertencente ao Partido da Ordem cair sob os porretes dos decembristas. Mais ainda. Yon, o comissário de Polícia destacado para a Assembleia Nacional e encarregado de velar por sua segurança, baseando-se no testemunho de um certo *Alais* denunciou à

---

* *Vive l'Empereur!*: viva o Imperador! [N. de L.K.]

† Schufterles e Spiegelberges: personagens do drama de Schiller *Os salteadores.* [N. de L.K.]

V

Comissão Permanente que uma facção decembrista resolvera assassinar o general Changarnier e Dupin, presidente da Assembleia Nacional, tendo já designado os indivíduos que deveriam perpetrar o feito. Compreende-se o pavor do Sr. Dupin. Parecia inevitável um inquérito parlamentar sobre a Sociedade de 10 de Dezembro, ou seja, a profanação do mundo secreto de Bonaparte. Pouco antes de a Assembleia Nacional se reunir, porém, Bonaparte, por precaução, dissolveu a sua Sociedade, mas claro que só no papel, pois em um longo memorial apresentado em fins de 1851 o Chefe de Polícia, Carlier, tentava ainda em vão convencê-lo a realmente dispersar os decembristas.

A Sociedade de 10 de Dezembro deveria continuar como o exército particular de Bonaparte até que ele conseguisse transformar o exército regular em uma Sociedade de 10 de Dezembro. A primeira tentativa de Bonaparte nesse sentido ocorreu pouco depois de a Assembleia Nacional entrar em recesso, e foi financiada precisamente com as verbas que acabara de extorquir dela. Na sua qualidade de fatalista, ele vivia e vive ainda imbuído da convicção de que existem certas forças superiores às quais o homem, e especialmente o soldado, não pode resistir. Entre essas forças estão, antes e acima de tudo, os charutos e o champanha, as fatias de peru e as salsichas feitas com alho. Consequentemente, começou por presentear oficiais e suboficiais, em seus salões no Eliseu, com charutos e champanha, aves frias e salsichas feitas com alho. Em 3 de outubro repetiu essa manobra com a massa das tropas na revista de St. Maur e em 10 de outubro a mesma

O DEZOITO DE BRUMÁRIO

manobra, em maior escala, foi executada na parada militar de Satory. O tio relembrou as campanhas de Alexandre na Ásia, o sobrinho as marchas triunfais de Baco pelas mesmas terras. Alexandre era, certamente, um semideus, mas Baco era deus inteiro e, além disso, o deus tutelar da Sociedade de 10 de Dezembro.

Depois da revista de 3 de outubro a Comissão Permanente convocou o ministro da Guerra, d'Hautpoul. Este prometeu que tais infrações da disciplina não mais se repetiriam. Sabemos como Bonaparte cumpriu, em 10 de outubro, a palavra empenhada por d'Hautpoul. Na qualidade de comandante- -geral do exército de Paris, Changarnier comandou as duas paradas. Sendo, ao mesmo tempo, membro da Comissão Permanente, chefe da Guarda Nacional, "salvador" de 29 de janeiro e de 13 de junho, "baluarte da sociedade", candidato do Partido da Ordem às honras presidenciais, o suspeito Monk[*] de duas monarquias, ele nunca admitira até então a sua subordinação ao ministro da Guerra, sempre ridicularizara abertamente a Constituição republicana e perseguira Bonaparte com uma proteção ambígua e altiva. Consumia-se agora no zelo pela disciplina, contra o ministro da Guerra, e pela Constituição, contra Bonaparte. Enquanto em 10 de outubro uma ala da cavalaria levantava o brado: *Vive Napoléon! Vivent les saucissons!*,[†] Changarnier providenciou para que pelo

---

[*] Referência a George Monck (grafia antiga: Monk), soldado inglês que foi pego lutando nos dois lados da Guerra dos Três Reinos (1639–1653). [N. de S.F.]

[†] *Vive Napoléon! Vivent les saucissons!*: "Viva Napoleão! Viva as salsichas." [N. de L.K.]

V

menos a infantaria que desfilava sob o comando de seu amigo Neumayer mantivesse um silêncio glacial. Como castigo, o ministro da Guerra, por instigação de Bonaparte, retirou do general Neumayer o seu comando de Paris, sob pretexto de nomeá-lo general comandante da 14ª e 15ª divisões militares. Neumayer recusou-se a mudar de posto, e teve, portanto, que se demitir. Changarnier, por seu turno, publicou em 2 de novembro uma ordem do dia em que proibia as tropas de participar de tumultos políticos ou de qualquer espécie de manifestações enquanto estivessem em armas. Os jornais do Eliseu* atacaram Changarnier; os jornais do Partido da Ordem atacaram Bonaparte; a Comissão Permanente realizou repetidas reuniões secretas, nas quais propôs repetidas vezes que a pátria fosse declarada em perigo; o exército parecia dividido em dois campos hostis, com dois estados-maiores hostis, um no Eliseu, onde residia Bonaparte, o outro nas Tulherias, quartel-general de Changarnier. Parecia faltar apenas que a Assembleia Nacional se reunisse para que soasse o sinal da luta. O público francês julgou esses atritos entre Bonaparte e Changarnier como aquele jornalista inglês, que os caracterizou com as seguintes palavras: "As criadas políticas da França varrem a lava ardente da revolução com vassouras velhas, e discutem entre si enquanto executam sua tarefa."

Enquanto isso, Bonaparte apressava-se em destituir o ministro da Guerra, d'Hautpoul, despachá-lo a toda a pressa para a Argélia, nomeando o general Schramm para substituí-

---

* Jornais do Eliseu: jornais de tendências bonapartistas. [N. de L.K.]

O DEZOITO DE BRUMÁRIO

-lo no ministério. Em 12 de novembro enviou à Assembleia Nacional uma mensagem de prolixidade estadunidense, sobrecarregada de detalhes, com cheiro de ordem, desejosa de reconciliação, constitucionalmente aquiescente, tratando dos mais variados assuntos, exceto das *questions brûlantes** do momento. Como que de passagem, observava que segundo as disposições expressas da Constituição só o presidente podia dispor do exército. A mensagem terminava com estas palavras grandiloquentes:

"Acima de tudo, a França exige tranquilidade... Preso, porém, por um juramento, manter-me-ei dentro dos estreitos limites que este juramento estabeleceu para mim... No que me diz respeito, tendo sido eleito pelo povo e devendo o meu poder exclusivamente a ele, inclinar-me-ei sempre à sua vontade legalmente manifestada. No caso de decidirdes, nessa sessão, pela revisão da Constituição, uma Assembleia Constituinte regulamentará a situação do Poder Executivo. Em caso contrário, então o povo pronunciará solenemente a sua decisão em 1852. Quaisquer que possam ser, porém, as soluções do futuro, cheguemos a um acordo, para que a paixão, a surpresa ou a violência jamais decidam dos destinos de uma grande nação... O que me preocupa, acima de tudo, não é quem governará a França em 1852, mas como empregar o tempo que me resta a fim de que o período interveniente possa decorrer sem agitação ou perturbação. Abri-vos sinceramente o coração; respondereis a minha franqueza com a vossa confiança,

---

* *Questions brulantes*: questões candentes. [N. de L.K.]

aos meus bons propósitos com a vossa cooperação, e Deus se encarregará do resto."

A linguagem respeitável, hipocritamente moderada, virtuosamente corriqueira da burguesia, revela seu significado mais profundo na boca do autocrata da Sociedade de 10 de Dezembro e no herói de piquenique de St. Maur e Satory.

Os burgraves do Partido da Ordem não se deixaram iludir nem um só instante sobre a confiança que essa abertura de coração merecia. A respeito de juramentos, há muito se haviam tornado descrentes, pois contavam em seu seio com veteranos e virtuosos do perjúrio político. Não lhes passara, tampouco, despercebida a passagem sobre o exército. Observaram com desagrado que na sua enfadonha enumeração de leis recém-promulgadas a mensagem omitia a lei mais importante, a lei eleitoral, com um silêncio estudado, e, além disso, no caso de não se proceder à reforma da Constituição, deixava ao povo a eleição do presidente de 1852. A lei eleitoral era a esfera de chumbo acorrentada aos pés do Partido da Ordem, que o impedia de andar e, mais ainda, de investir para a frente! Além disso, com a dissolução oficial da Sociedade de 10 de Dezembro e a exoneração do ministro da Guerra, d'Hautpoul, Bonaparte sacrificou com suas próprias mãos os bodes expiatórios no altar da pátria. Embotou a agressividade do choque esperado. Finalmente, o próprio Partido da Ordem procurava ansiosamente evitar, mitigar, atenuar qualquer conflito decisivo com o Poder Executivo. Temerosos de perderem as conquistas adquiridas contra a revolução, permitiram que seus rivais carregassem os frutos das mesmas. "Acima de tudo,

O DEZOITO DE BRUMÁRIO

a França exige tranquilidade." Isto fora o que o Partido da Ordem gritara à revolução desde fevereiro,* isto era o que a mensagem de Bonaparte gritava ao Partido da Ordem. "Acima de tudo, a França exige tranquilidade." Bonaparte cometia atos que visavam à usurpação, mas o Partido da Ordem cometia "desordem" se levantava um alarido contra esses atos e os interpretava com hipocondria. As salsichas de Satory mantinham-se quietas como ratos se ninguém falava nelas. "Acima de tudo, a França exige tranquilidade." Bonaparte exigia, portanto, que o deixassem em paz para agir como lhe aprouvesse, e o partido parlamentar estava paralisado por um duplo medo, pelo medo de despertar novamente a intranquilidade revolucionária e pelo medo de aparecer ele próprio, aos olhos de sua própria classe, aos olhos da burguesia, como o instigador da intranquilidade. Consequentemente, uma vez que a França exigia acima de tudo tranquilidade, o Partido da Ordem não ousou responder "guerra" depois que Bonaparte falou de "paz" em sua mensagem. O público, que esperara cenas de grande escândalo na reabertura das sessões da Assembleia Nacional, viu-se roubado em suas expectativas. Os deputados da oposição, que exigiam que fossem apresentadas as atas da Comissão Permanente sobre os acontecimentos de outubro, foram derrotados pelos votos da maioria. Eram evitados por princípio todos os debates que pudessem exaltar os ânimos. Os trabalhos da Assembleia Nacional durante novembro e dezembro de 1850 foram desprovidos de interesse.

---

* Fevereiro de 1848. [N. de L.K.]

V

Finalmente, por volta de fins de dezembro, começaram as guerrilhas sobre uma série de prerrogativas parlamentares. O movimento limitava-se às disputas mesquinhas sobre as prerrogativas dos dois poderes, uma vez que a burguesia liquidara temporariamente a luta de classes, ao abolir o sufrágio universal.

Foi obtido do tribunal um julgamento por dívidas contra Mauguin, um dos representantes do povo. Em resposta à solicitação do presidente do Tribunal, o ministro da Justiça, Rouher, declarou que deveria ser emitido o *capias* (mandado de prisão) contra o devedor, sem mais delongas. Mauguin foi, assim, atirado à prisão de devedores. A Assembleia Nacional inflamou-se ao tomar conhecimento do atentado. Não só ordenou que o preso fosse imediatamente posto em liberdade, como enviou seu *greffier** para que o retirasse à força de Clichy naquela mesma noite. Entretanto, a fim de confirmar sua fé na santidade da propriedade privada e com a intenção oculta de abrir, em caso de emergência, um asilo para os *montagnards* que se tornassem um incômodo, declarou permissível a prisão por dívidas de representantes do povo desde que fosse previamente obtido o seu consentimento. Esqueceu-se de decretar que também o presidente poderia ser encarcerado por dívidas. Destruiu a última aparência da imunidade que envolvia os membros de seu próprio organismo.

Recordemos que, agindo por informação prestada por um certo Alais, o comissário de Polícia Yon denunciara que

---

* *Greffier*: oficial de justiça. [N. de L.K.]

O DEZOITO DE BRUMÁRIO

uma ala dos decembristas planejava assassinar Dupin e Changarnier. Com referência a esse fato, logo na primeira sessão os questores apresentaram uma proposta no sentido de que o Parlamento deveria constituir uma polícia própria, paga pela verba privada da Assembleia Nacional e absolutamente independente do chefe de Polícia. O ministro do Interior, Baroche, protestou contra essa invasão de seus domínios. Concluiu-se um acordo indigno, segundo o qual, é verdade, o comissário de polícia da Assembleia seria pago pela verba privada e seria nomeado e exonerado por seus questores, mas só mediante prévio acordo com o ministro do Interior. Nesse ínterim o governo instaurara processo criminal contra Alais, sendo fácil apresentar sua informação como falsa e, pela boca do promotor público, ridicularizar Dupin, Changarnier, Yon e toda a Assembleia Nacional. Em seguida, em 29 de dezembro, o ministro Baroche escreve uma carta a Dupin, na qual exige a demissão de Yon. A Mesa da Assembleia Nacional decide manter Yon em seu posto, mas a Assembleia Nacional, alarmada com a violência com que procedera no caso Mauguin e acostumada, quando se aventurava a assestar um golpe contra o Poder Executivo, a receber dois golpes de volta, não sanciona essa decisão. Exonera Yon como recompensa por seu zelo oficial, e despoja-se de uma prerrogativa parlamentar indispensável contra um homem que não decide de noite para executar de dia, mas que decide de dia e executa à noite.

Vimos como em grandes e importantes ocasiões durante os meses de novembro e dezembro a Assembleia Nacional evitou ou reprimiu a luta contra o Poder Executivo. Agora a vemos compelida a empreendê-la pelos motivos mais mesquinhos. No caso Mauguin ela confirma o princípio da prisão de representantes do povo por dívidas, mas reserva-se o direito de aplicá-lo apenas aos representantes que não lhe sejam gratos, e negocia esse infame privilégio com o ministro da Justiça. Em vez de se valer desse suposto plano de assassinato para decretar um inquérito na Sociedade de 10 de Dezembro e desmascarar Bonaparte irremissivelmente diante da França e da Europa, apresentando-o sob seu verdadeiro aspecto de chefe do *lumpemproletariado* de Paris, permite que o conflito desça ao ponto em que a única questão entre ela e o ministro do Interior é a de determinar quem tem autoridade para nomear ou demitir um comissário de polícia. Assim, durante todo esse período, vemos o Partido da Ordem compelido por sua posição ambígua, a dissipar e desintegrar sua luta com o Poder Executivo em mesquinhas contendas sobre jurisdição, ardil, minúcias legais e disputas sobre limitação de poderes, fazendo das mais ridículas questões de forma a substância de sua atividade. Não ousa enfrentar o conflito no momento em que este tem uma significação do ponto de vista de princípio, quando o Poder Executivo está realmente comprometido e a causa da Assembleia Nacional seria a causa de toda a nação. Fazendo-o, daria à nação ordem de marcha, e não há nada que a atemorize mais do que ver a nação movimentar-se. Rejeita, por conseguinte, as moções da Montanha e passa à ordem do dia. Uma vez abandonados os aspectos principais do problema em causa, o Poder Executivo espera calmamente a oportunidade de levantá-lo outra vez por motivos mes-

O DEZOITO DE BRUMÁRIO

quinhos e insignificantes, quando não apresente, por assim dizer, senão um interesse parlamentar estreito e puramente local. Só aí estoura o ódio contido do Partido da Ordem, só aí ele arranca a cortina dos bastidores, acusa o presidente, declara a república em perigo; mas, então, também o seu furor parece absurdo e o motivo da luta parece um pretexto hipócrita, inteiramente desprovido de sentido. A tempestade parlamentar transforma-se em uma tempestade em copo de água, a luta em intriga, o conflito em escândalo. Enquanto as classes revolucionárias se deleitam em um prazer malévolo em face da humilhação da Assembleia Nacional, pois se entusiasmam pelas prerrogativas parlamentares dessa Assembleia tanto quanto esta se entusiasma pelas liberdades públicas, a burguesia de fora do Parlamento não compreende como a burguesia de dentro do Parlamento pode perder tanto tempo com disputas tão mesquinhas e comprometer a tranquilidade pública com rivalidades tão tolas com o presidente. Confunde-se com uma estratégia que declara a paz no momento em que todo mundo espera batalhas, e ataca no momento em que todo mundo pensa que a paz foi concluída.

Em 20 de dezembro Pascal Duprat interpelou o ministro do Interior sobre a Loteria das Barras de Ouro. Essa loteria era "filha do Eliseu".* Bonaparte, com seus fiéis adeptos, a trouxe ao mundo; e o chefe de Polícia, Carlier, colocou-a sob sua proteção oficial, embora a lei francesa proíba todas

---

* *Tochter aus Elysium*, verso do "Ode à alegria", de Schiller, que faz referência ao Palácio do Eliseu, residência oficial da presidência francesa. [N. de S.F.]

V

as loterias, com a exceção de rifas para beneficência. Sete milhões de bilhetes de loteria, a um franco cada um, cujos lucros destinavam-se, ostensivamente, a embarcar vagabundos parisienses para a Califórnia. Por um lado, queria-se que os sonhos dourados substituíssem os sonhos socialistas do proletariado de Paris; e que a perspectiva sedutora do primeiro prêmio substituísse o direito doutrinário ao trabalho. Os trabalhadores de Paris, naturalmente, não reconheceram no brilho das barras de ouro da Califórnia os modestos francos que tinham sido subtraídos de seus bolsos. No fundamental, porém, o assunto não passava de um legítimo logro. Os vagabundos que queriam encontrar minas de ouro da Califórnia sem se darem ao trabalho de sair de Paris eram o próprio Bonaparte e os endividados cavaleiros de sua Távola Redonda.[*] Os 3 milhões votados pela Assembleia Nacional haviam sido gastos estroinamente; os cofres tinham que ser reabastecidos, fosse como fosse. Em vão Bonaparte abriu uma subscrição nacional para a construção das chamadas *cités ouvrières*,[†] figurando à frente da lista com uma soma considerável. Os burgueses cruéis esperaram desconfiadamente que ele pagasse a sua cota, e como isso, naturalmente, não aconteceu, a especulação sobre aqueles castelos no ar socialistas caiu imediatamente por terra. As barras de ouro deram melhor resultado. Bonaparte & Cia. não se contentaram em embolsar uma parte do excedente

---

[*] Referência aos lendários Cavaleiros da Távola Redonda da corte do Rei Artur. O formato redondo da mesa significava, simbolicamente, a igualdade entre os membros. [N. de S.F.]

[†] *Cités ouvrières*: Núcleos residenciais para operários. [N. de L.K.]

O DEZOITO DE BRUMÁRIO

dos 7 milhões sobre as barras que seriam distribuídas como prêmios; fabricaram bilhetes falsos; emitiram dez, 15 e mesmo 20 bilhetes com o mesmo número — operação financeira bem de acordo com o espírito da Sociedade de 10 de Dezembro! A Assembleia Nacional defrontava-se aqui não com o fictício presidente da República, mas com Bonaparte em carne e osso. Podia apanhá-lo em flagrante, infringindo não a Constituição, mas o *Código Penal.* Se a Assembleia passou à ordem do dia, diante da interpelação de Duprat, isto não aconteceu apenas porque a moção de Girardin no sentido de declarar-se *satisfait* recordava ao Partido da Ordem sua própria corrupção sistemática. O burguês, e principalmente o burguês arvorado em estadista, complementa sua mesquinhez prática com sua extravagância teórica. Como estadista ele se transforma, assim como o poder estatal com que se defronta, em um ser superior que só pode ser combatido em uma forma superior, consagrada.

Bonaparte, que precisamente por ser um boêmio, um príncipe *lumpemproletário,* levava vantagem sobre o burguês vil porque podia conduzir a luta por meios vis, viu agora, depois que a própria Assembleia o guiara, por sua própria mão, através do terreno escorregadiço dos banquetes militares, das revistas de tropas, da Sociedade de 10 de Dezembro e, finalmente, do Código Penal, que havia chegado o momento em que poderia passar de uma aparente defensiva à ofensiva. As pequenas derrotas sofridas nesse ínterim pelos ministros da Justiça, da Guerra, da Marinha e da Fazenda, através das quais a Assembleia Nacional expressava seus rosnados de

V

desagrado, incomodavam-no muito pouco. Não só impediu que os ministros renunciassem, e com isso admitissem a supremacia do Parlamento sobre o Poder Executivo, como se sentiu capaz de consumar agora o que começara durante o período de recesso da Assembleia Nacional: a separação entre o poder militar e o Parlamento, a *destituição de Changarnier.*

Um jornal do Eliseu publicou uma ordem do dia pretensamente dirigida, durante o mês de maio, à Primeira Divisão Militar e, portanto, procedente de Changarnier, na qual se recomendava aos oficiais, em caso de insurreição, que não poupassem os traidores dentro de suas fileiras, mas que os fuzilassem imediatamente, e que recusassem tropas à Assembleia Nacional, caso esta as requisitasse. Em 3 de janeiro de 1851, o Gabinete foi interpelado sobre essa ordem do dia. Para investigar o assunto, solicitou um prazo, primeiro de três meses, depois de uma semana, e finalmente de apenas 24 horas. A Assembleia insistiu em uma explicação imediata. Changarnier levantou-se e declarou que tal ordem do dia jamais existiu. Acrescentou que se apressaria sempre em atender às exigências da Assembleia Nacional e que, em caso de conflito, esta podia contar com ele. A Assembleia recebeu essa declaração com aplausos indescritíveis e lhe concedeu um voto de confiança. Abdicou, assim, dos seus poderes, decretando a própria impotência e a onipotência do exército, ao colocar-se sob a proteção privada de um general; mas o general se iludia ao colocar à disposição da Assembleia, contra Bonaparte, um poder que só detinha por delegação do próprio Bonaparte, e quando, por seu turno, esperava ser

O DEZOITO DE BRUMÁRIO

protegido por esse Parlamento, pelo seu próprio protegido carente de proteção. Changarnier, porém acreditava no poder misterioso com que a burguesia o dotara desde 29 de janeiro de 1849. Considerava-se a terceira força, em igualdade de condições com os outros dois poderes estatais. Compartilhava da sorte dos outros heróis, ou melhor, santos, dessa época, cuja grandeza consistia precisamente na auréola com que os cercavam interessadamente os seus próprios partidos, e que se reduzem a figuras comuns assim que as circunstâncias exigem milagres. A incredulidade é, geralmente, o inimigo mortal desses heróis supostos e santos verdadeiros. Daí sua majestosa indignação moral diante da falta de entusiasmo demonstrada pelos espirituosos e trocistas.

Naquela mesma noite os ministros foram chamados ao Eliseu; Bonaparte insiste na destituição de Changarnier; cinco ministros recusam-se a assiná-la; o *Moniteur* anuncia uma crise ministerial, e o Partido da Ordem ameaça formar um exército parlamentar sob o comando de Changarnier. O Partido da Ordem dispunha de poderes constitucionais para adotar essa medida. Tinha apenas que designar Changarnier presidente da Assembleia e requisitar todas as tropas que quisesse para sua proteção. Podia fazê-lo com tanto maior segurança quanto Changarnier detinha ainda o mando efetivo do exército e da Guarda Nacional de Paris e aguardava apenas ser requisitado juntamente com o exército. A imprensa bonapartista não se atrevia no momento sequer a pôr em dúvida o direito da Assembleia Nacional de requisitar tropas diretamente, um escrúpulo legal que, dadas as circunstâncias,

V

não augurava nenhum êxito. Considerando que Bonaparte teve que esquadrinhar Paris inteira, durante oito dias, para descobrir finalmente dois generais — Baraguey d'Hilliers e Saint-Jean d'Angely — que se declarassem dispostos a subscrever a destituição de Changarnier, é bem provável que o exército tivesse obedecido a ordens da Assembleia Nacional. É mais do que duvidoso, porém, que o Partido da Ordem tivesse encontrado em suas próprias fileiras e no Parlamento o número de votos necessário para essa resolução ao levar-se em conta que oito dias mais tarde 286 votos desligaram-se do partido e que em dezembro de 1851, na última oportunidade para a decisão, a Montanha rejeitou ainda uma proposta semelhante. Não obstante, os burgraves poderiam talvez ter conseguido ainda arrastar a massa do partido a um heroísmo que consistia em se sentirem seguros por trás de uma floresta de baionetas e em aceitar os serviços de um exército que se passara para o seu campo. Em vez disso, na noite de 6 de janeiro, os senhores burgraves rumaram para o Eliseu a fim de forçar Bonaparte a desistir do propósito de destituir Changarnier mediante frases de estadistas e prementes razões de Estado. Quando se tenta persuadir alguém é porque se reconhece ser ele o dono da situação. Em 12 de janeiro [de 1851], Bonaparte, sentindo-se seguro em face daquela atitude, nomeia um novo ministério, do qual continuam a participar os chefes do antigo, Fould e Baroche. Saint-Jean d'Angely é feito ministro da Guerra, o *Moniteur* publica o decreto de destituição de Changarnier, e seu comando é dividido entre

O DEZOITO DE BRUMÁRIO

Baraguey d'Hilliers, designado para a Primeira Divisão do Exército, e Perrot, que recebe o comando da Guarda Nacional. O baluarte da sociedade foi despedido, e se nenhuma telha cai dos telhados por esse motivo, as cotações da Bolsa, por outro lado, começam a subir.

Ao repelir o exército, que se coloca, na pessoa de Changarnier, à sua disposição, e entregando-o, portanto, irremissivelmente, às mãos do presidente, o Partido da Ordem deixa evidente que a burguesia perdeu a capacidade de governar. Já não existia um governo parlamentar. Tendo agora perdido, efetivamente, o controle sobre o exército e a Guarda Nacional, que forças lhe restavam para manter simultaneamente a autoridade usurpada do Parlamento sobre o povo e sua autoridade constitucional contra o presidente? Nenhuma. Só lhe restava agora apelar para os princípios sem força, para princípios que ele próprio, Partido da Ordem, sempre interpretara como meras regras gerais, que se prescrevem aos outros a fim de garantir para si maior liberdade de movimentos. A destituição de Changarnier e a passagem do poder militar para as mãos de Bonaparte encerra a primeira parte do período que estamos considerando, o período da luta entre o Partido da Ordem e o Poder Executivo. A guerra entre os dois poderes é agora declarada abertamente, travada abertamente, mas só depois de o Partido da Ordem ter perdido tanto as armas como os soldados. Sem o ministério, sem o exército, sem o povo, sem a opinião pública, não mais representando, depois de sua lei eleitoral de 31 de maio, a nação soberana, sem olhos,

V

sem ouvidos, sem dentes, sem nada,* a Assembleia Nacional transformara-se gradativamente em um Parlamento *ancien régime,* que tem de ceder a iniciativa ao governo e contentar--se com grunhidos recriminatórios *post festum.*†

O Partido da Ordem recebe o novo ministério com uma tempestade de indignação. O general Bedeau evoca a complacência da Comissão Permanente, o período de recesso e a consideração excessiva que demonstrara ao abrir mão da publicação das atas de suas sessões. O ministro do Interior insiste agora, ele próprio, na publicação dessas atas que, naturalmente, nesta altura já se tornaram tão insossas como água estagnada, não revelam nenhum fato novo e não produzem o menor efeito sobre o público indiferente. Em face da proposta de Rémusat, a Assembleia Nacional recolhe-se às suas comissões e nomeia uma "Comissão para Medidas Extraordinárias". Paris abandona menos ainda o ramerrão de sua vida quotidiana, tanto mais quanto neste momento o comércio está próspero, as fábricas trabalharam, os preços do trigo andam baixos, os gêneros alimentícios abundantes e as caixas econômicas recebem diariamente novos depósitos. As "medidas extraordinárias" que o Parlamento anunciou com tanto alarde evaporam-se, em 18 de janeiro, em um voto de censura ao ministério, sem que o nome do general Changarnier seja sequer mencionado. O Partido da Ordem se vê

---

* "…sem olhos, sem ouvidos, sem dentes, sem nada…": Referência ao fecho do monólogo de Jacques em *Do jeito que você gosta* [*As You Like It*], ato II, cena VII, de Shakespeare. [N. de L.K.]

† *Post festum*: depois da festa, ou seja, tardiamente. [N. de L.K.]

O DEZOITO DE BRUMÁRIO

forçado a colocar a moção dessa forma a fim de assegurar os votos dos republicanos, pois de todas as medidas do ministério a demissão de Changarnier é precisamente a única que os republicanos aprovam, ao passo que o Partido da Ordem não estava em situação de censurar os demais atos ministeriais que ele próprio ditara.

O voto de censura de 18 de janeiro [de 1851] foi aprovado por 415 votos contra 286. Só pôde passar, portanto, mediante uma *coligação* de legitimistas e orleanistas extremados com os republicanos puros e a Montanha. Provou assim que o Partido da Ordem perdera, em seus conflitos com Bonaparte, não só o ministério, não só o exército, mas também sua maioria parlamentar independente; provou que uma ala de deputados desertara de seu lado, movida pelo fanatismo da conciliação, pelo medo de lutar, pela lassidão, por considerações de família sobre salários de parentes, por especulação em torno das pastas ministeriais que se tornassem vagas (Odilon Barrot), por esse vulgar egoísmo, enfim, que torna o burguês comum sempre pronto a sacrificar o interesse geral de sua classe por este ou aquele interesse particular. Desde o início, os representantes bonapartistas só pertenceram ao Partido da Ordem na luta contra a revolução. O dirigente do partido católico, Montalembert, tendo perdido as esperanças nas perspectivas de vida do partido parlamentar, já jogara então sua influência a favor dos bonapartistas. Finalmente, os dirigentes desse partido, Thiers e Berryer, o orleanista e o legitimista, viram-se compelidos a se declararem abertamente republicanos, a confessar que eram monarquistas de coração, mas que suas ideias eram

150

V

republicanas, que a república parlamentar era a única forma de governo possível para o domínio efetivo da burguesia. Foram assim compelidos, perante a própria burguesia, a denunciar como uma trama, tão perigosa quanto estúpida, os planos de Restauração que continuavam incansavelmente a urdir às escondidas do Parlamento.

O voto de censura de 18 de janeiro atingiu os ministros, mas não o presidente. E não foi o ministério, e sim o presidente, que destituiu Changarnier. Deveria o Partido da Ordem pronunciar-se a favor do *impeachment* do próprio Bonaparte, baseando-se em seus anseios de restauração? Mas estes eram meros complementos de seus próprios desejos. Em vista de sua conspiração, com referência às paradas militares e à Sociedade de 10 de Dezembro? Eles haviam fazia muito tempo enterrado esses temas sob as simples ordens do dia. Devido à destituição do herói de 29 de janeiro [de 1849] e de 13 de junho [de 1849], do homem que em maio de 1850 ameaçou atear fogo em Paris no caso de ocorrer um levante? Seus aliados da Montanha, assim como Cavaignac, não lhes permitiram sequer soerguer o ex-baluarte da sociedade através de um atestado oficial de simpatia. Eles próprios não podiam negar ao presidente o direito constitucional de demitir um general. Enfureceram-se apenas porque ele utilizou de maneira não parlamentar o seu direito constitucional. Não tinham eles com frequência utilizado inconstitucionalmente suas prerrogativas parlamentares, especialmente com relação à abolição do sufrágio universal? Viram-se assim reduzidos a agir estritamente dentro dos limites parlamentares. E foi ne-

O DEZOITO DE BRUMÁRIO

cessário passar por aquela doença peculiar que desde 1848 vem grassando em todo o continente, o *cretinismo parlamentar*, que mantém os elementos contagiados firmemente presos a um mundo imaginário, privando-os de todo senso comum, de qualquer recordação de toda compreensão do grosseiro mundo exterior — foi necessário passar por esse cretinismo parlamentar para que aqueles que haviam, com suas próprias mãos, destruído todas as condições do poder parlamentar, e que tinham necessariamente que destruí-las em sua luta com as outras classes, considerassem ainda vitórias as suas vitórias parlamentares e acreditassem ferir o presidente quando investiam contra seus ministros. Deram-lhe apenas a oportunidade de humilhar novamente a Assembleia Nacional aos olhos da nação. Em 20 de janeiro [de 1851] o *Moniteur* anunciava que fora aceita a renúncia coletiva do ministério. Sob o pretexto de que nenhum partido parlamentar dispunha já de maioria, como tinha sido provado pela votação de 18 de janeiro[*], fruto da coligação da Montanha com os monarquistas, e enquanto não se constituía uma nova maioria, Bonaparte nomeou um ministério dito de transição, no qual não figurava um único membro do Parlamento, sendo inteiramente composto de indivíduos absolutamente desconhecidos e insignificantes, um ministério de escreventes e copistas. O Partido da Ordem podia agora fartar-se de brincar com esses bonecos de engonço; o Poder Executivo não mais julgava que valesse a pena estar seriamente representado na Assembleia Nacional.

---

[*] O voto de censura de 18 de janeiro, previamente analisado por Marx. [N. de S.F.]

V

Quanto mais inexpressivos fossem os seus ministros, mais manifestamente Bonaparte concentrava em sua pessoa todo o Poder Executivo e maior margem tinha para explorá-lo para seus próprios interesses.

Em aliança com a Montanha, o Partido da Ordem vingou--se rejeitando a proposta de conceder ao presidente uma dotação de 1.800.000 francos, que o chefe da Sociedade de 10 de Dezembro havia obrigado seus escreventes ministeriais a apresentar. Desta vez a questão foi decidida por uma maioria de apenas 102 votos; mais 27 votos, tinham, assim, desertado desde 18 de janeiro; aumenta a desintegração do Partido da Ordem. Ao mesmo tempo, a fim de que nem por um momento pudesse haver qualquer sombra de dúvida quanto ao verdadeiro sentido de sua aliança com a Montanha, ele se negou com desprezo a considerar sequer uma proposta assinada por 189 membros da Montanha visando à concessão de anistia geral a todos os culpados de delitos políticos. Bastou que o ministro do Interior, um certo Vaïsse, declarasse que a tranquilidade era apenas aparente, que em surdina reinava uma grande agitação, que sociedades multiformes estavam sendo organizadas secretamente, que os jornais democráticos preparavam-se para reaparecer, que os relatórios provenientes dos Departamentos eram desfavoráveis, que os refugiados de Genebra dirigiam uma conspiração que, através de Lyon, se alastrava por todo o sul da França, que a França estava à beira de uma crise industrial e comercial, que as fábricas de Roubaix haviam reduzido a jornada de trabalho, que os prisioneiros

O DEZOITO DE BRUMÁRIO

de Belle Isle* estavam amotinados — bastou que um simples Vaïsse conjurasse o fantasma vermelho para que o Partido da Ordem rejeitasse sem discussão uma moção que teria certamente dado imensa popularidade à Assembleia Nacional e forçado Bonaparte a atirar-se novamente em seus braços. Em vez de se deixar intimidar pelo Poder Executivo com a perspectiva de novos distúrbios, devia ter dado à luta de classes uma pequena oportunidade, a fim de manter o Poder Executivo na dependência. Não se sentiu, porém, capaz de brincar com fogo.

Entretanto, o ministério dito de transição continuou a vegetar até meados de abril [de 1851]. Bonaparte cansou e ludibriou a Assembleia Nacional com constantes reformas ministeriais. Ora, parecia querer formar um ministério republicano com Lamartine e Billault, ora um ministério parlamentar com o inevitável Odilon Barrot, cujo nome jamais poderá faltar quando se precisar de uma vítima facilmente enganável, em seguida um ministério legitimista com Vatimesnil e Benoist d'Azy, em seguida novamente um ministério orleanista com Maleville. Enquanto mantinha assim a tensão entre as diferentes facções do Partido da Ordem, alarmando-as todas com a perspectiva de um ministério republicano e a consequente restauração inevitável do sufrágio universal, instilava ao mesmo tempo na burguesia a convicção de que seus esforços sinceros para formar um ministério parlamentar

---

* Belle Isle: ilha na costa ocidental da França, onde eram encarcerados os revolucionários condenados depois de 1848. [N. de L.K.]

V

estavam sendo frustrados pela incapacidade de reconciliação existente entre as facções monarquistas. A burguesia, entretanto, clamava ainda mais alto por um "governo forte"; achava tanto mais imperdoável deixar a França "sem administração" quanto mais parecia agora iminente uma crise comercial geral, que conquistava recrutas para o socialismo nas cidades da mesma forma que o preço ruinoso do trigo o fazia no campo. O comércio diminuía dia a dia, o número de desempregados aumentava visivelmente, havia pelo menos dez mil operários famintos em Paris, inúmeras fábricas estavam paralisadas em Rouen, Mulhouse, Lyon, Roubaix, Tourcoing, St. Etienne, Elbeuf etc. Em tais circunstâncias Bonaparte pôde aventurar-se a restaurar, em 11 de abril [de 1851], o ministério de 18 de janeiro [de 1851]: os Srs. Rouher, Fould, Baroche etc., reforçados pelo Sr. Léon Faucher, que a Assembleia Constituinte, em seus últimos dias, denunciara unanimemente, com exceção apenas dos votos de cinco ministros, endereçando-lhe um voto de censura pelo envio de telegramas falsos. A Assembleia Nacional obtivera assim uma vitória sobre o ministério em 18 de janeiro, lutara durante três meses contra Bonaparte, para acabar vendo Fould e Baroche admitirem em 11 de abril o ingresso do puritano Faucher como *tertiusem* sua aliança ministerial.

Em novembro de 1849 Bonaparte contentara-se com um ministério *não parlamentar*, em janeiro de 1851 com um ministério *extraparlamentar*, e em 11 de abril sentiu-se suficientemente forte para constituir um ministério *natiparlamentar*, que combinava harmoniosamente em si os votos de

O DEZOITO DE BRUMÁRIO

censura das duas Assembleias, a Constituinte e a Legislativa, a republicana e a realista. Essa gradação de ministérios era o termômetro com o qual o Parlamento podia medir a queda de seu próprio calor vital. Em fins de abril este diminuíra a tal ponto que Persigny, em uma reunião pessoal, recomendou a Changarnier que fosse até o campo do presidente. Assegurou-lhe que Bonaparte considerava completamente destruída a influência da Assembleia Nacional e de que já estava pronta a proclamação que deveria ser publicada depois do golpe de Estado, firmemente projetado, mas que as circunstâncias haviam feito novamente adiar. Changarnier informou os dirigentes do Partido da Ordem do aviso fúnebre, mas quem acredita que as mordidas dos percevejos sejam mortais? E o Parlamento combalido, desintegrado, marcado pela morte como estava, não podia convencer-se a ver em seu duelo com o chefe grotesco da Sociedade de 10 de Dezembro alguma coisa a mais do que um duelo com um percevejo. Bonaparte, porém, respondeu ao Partido da Ordem como Agesilau respondera ao rei Ágis: "Em tua opinião assemelho-me a uma formiga, mas um dia serei leão."

VI

A ALIANÇA COM a Montanha e os republicanos puros, à qual o Partido da Ordem viu-se condenado no esforço vão de conservar o poder militar e reconquistar o controle supremo sobre o Poder Executivo, provou irrefutavelmente que ele havia perdido sua *maioria parlamentar* própria. Em 28 de maio, o simples poder do calendário, do ponteiro do relógio, deu o sinal para sua completa desintegração. Com o 28 de Maio, teve início o último ano de vida da Assembleia Nacional. Tinha agora que se decidir ou a manter inalterada a Constituição ou a reformá-la. A revisão da Constituição, porém, não implicava apenas o domínio da burguesia ou da democracia pequeno-burguesa, democracia ou anarquia proletária, república parlamentar ou Bonaparte: significava também Orléans ou Bourbon! Surgiu assim no Parlamento o pomo de discórdia que teria forçosamente que inflamar abertamente o conflito de interesses que dividia o Partido da Ordem em facções hostis. O Partido da Ordem era um combinado de substâncias sociais heterogêneas. A questão da

O DEZOITO DE BRUMÁRIO

revisão gerou uma temperatura política na qual ele voltou a se decompor em seus elementos primitivos.

O interesse dos bonapartistas na revisão era simples. Para eles tratava-se, sobretudo, de abolir o artigo 45, que proibia a reeleição de Bonaparte e a prorrogação de seus poderes. A posição dos republicanos não parecia menos simples. Rejeitavam incondicionalmente qualquer revisão; viam nela uma conspiração universal contra a república. Considerando que controlavam *mais de um quarto dos votos* da Assembleia Nacional e que de acordo com a Constituição eram necessários três quartos dos votos para tornar legalmente válida a resolução de reforma e para convocar a Assembleia encarregada de proceder a essa revisão, tinham apenas que contar seus votos para terem certeza da vitória. E tinham certeza da vitória.

Diante de posições tão definidas o Partido da Ordem via-se preso em contradições inextricáveis. Se rejeitasse a reforma estaria pondo em perigo o *status quo*, uma vez que teria deixado a Bonaparte apenas uma saída, pela força, e no segundo domingo de maio de 1852, na hora decisiva, estaria entregando a França à anarquia revolucionária, com um presidente que perdera a autoridade, com um Parlamento que havia muito não a possuía, e com um povo que se mostrava disposto a reconquistá-la. Se votasse a favor da reforma constitucional, sabia que votava em vão e que teria forçosamente que fracassar inconstitucionalmente, se declarasse válida a simples maioria de votos, só poderia então esperar dominar a revolução submetendo-se incondicionalmente ao Poder Executivo, o que tornaria Bonaparte dono da Constituição,

VI

da reforma e do próprio partido. Uma reforma apenas parcial, que prorrogasse a autoridade do presidente, prepararia o caminho para a usurpação imperial. Uma revisão geral que encurtasse a vida da república lançaria as pretensões dinásticas em inevitável conflito, pois as condições de restauração dos Bourbons e dos orleanistas eram não só diferentes, como se excluíam mutuamente.

A *república parlamentar* era mais do que o campo neutro no qual as duas facções da burguesia francesa, os legitimistas e orleanistas, a grande propriedade territorial e a indústria podiam viver lado a lado com igualdade de direitos. Era a condição inevitável para seu domínio *em comum*, a única forma de governo no qual seu interesse geral de classe podia submeter ao mesmo tempo tanto as reivindicações de suas diferentes facções como as demais classes da sociedade. Na qualidade de monarquistas, eles recaíam em seu velho antagonismo, na luta pela supremacia do latifúndio ou do capital, e a mais alta expressão desse antagonismo, sua personificação, eram seus próprios reis, suas dinastias. Daí a resistência do Partido da Ordem à *volta dos Bourbons*.

Creton, orleanista e representante do povo, apresentara periodicamente em 1849, 1850 e 1851 uma moção propondo a revogação do decreto de exílio das famílias reais. Com a mesma regularidade o Parlamento fornecia o espetáculo de uma Assembleia de monarquistas que obstinadamente impedia a passagem através da qual seus reis exilados podiam retornar à pátria. Ricardo III assassinou Henrique VI observando que ele era bom demais para este mundo e que seu lugar era no

O DEZOITO DE BRUMÁRIO

céu. Eles declaravam que a França era demasiado má para receber novamente seus reis. Compelidos pelas circunstâncias, haviam-se convertido em republicanos e sancionavam repetidas vezes a decisão popular que bania seus reis da França.

A reforma da Constituição — e as circunstâncias obrigaram a considerá-la — punha em julgamento, juntamente com a república, o governo comum das duas facções burguesas e reavivava, com a possibilidade da monarquia, a rivalidade de interesses que esta representara alternadamente como preponderantes, a luta pela supremacia de uma facção sobre a outra. Os diplomatas do Partido da Ordem pensavam que podiam solucionar a contenda através do amálgama das duas dinastias, por meio de uma suposta *fusão* dos partidos monarquistas e de suas casas reais. A verdadeira fusão da Restauração e da Monarquia de Julho, porém, foi a república parlamentar, na qual se amalgamaram as cores orleanista e legitimista e desapareceram as várias espécies de burgueses, dando lugar ao burguês propriamente dito, à espécie burguesa. Agora, entretanto, o orleanista devia tornar-se legitimista, e o legitimista, orleanista. A realeza, em que se personificava seu antagonismo, devia encarnar sua união; a expressão de seus interesses exclusivos de facção deveria tornar-se a expressão de seu interesse de classe comum; a monarquia deveria fazer o que só a abolição de duas monarquias, a república, podia fazer e de fato fez. Era a pedra filosofal que os doutores do Partido da Ordem quebravam a cabeça para descobrir. Como se a monarquia legitimista pudesse jamais converter-se na monarquia da burguesia industrial ou a monarquia burguesa

VI

jamais converter-se na monarquia da tradicional aristocracia da terra. Como se o latifúndio e a indústria pudessem irmanar-se sob uma só coroa, quando a coroa só podia descer sobre uma cabeça, a do irmão mais velho ou a do mais jovem. Como se a indústria pudesse chegar a algum acordo com o latifúndio enquanto este não se decidisse a tornar-se ela própria industrial. Se Henrique V morresse no dia seguinte, o conde de Paris não se tornaria por isso o rei dos legitimistas, a menos que deixasse de ser o rei dos orleanistas. Os filósofos da fusão, entretanto, que se tornavam mais vociferantes à medida que a questão da reforma passava ao primeiro plano, que haviam feito da *Assemblée Nátionale* seu diário oficial e que se acham novamente empenhados em seu trabalho mesmo neste momento (fevereiro de 1852), consideravam que toda a dificuldade provinha da oposição e rivalidade entre as duas dinastias. As tentativas de reconciliar a família Orléans com Henrique V começaram desde a morte de Luís Filipe, mas, como as intrigas dinásticas geralmente encenadas apenas durante os períodos de recesso da Assembleia Nacional, nos *entreatos,* por trás dos bastidores, mais por coqueteria sentimental com a velha superstição do que com propósitos sérios, agora se converteram em atos importantes e estatais, realizados pelo Partido da Ordem no palco público, em vez de no teatro amador como antes. Os mensageiros correm de Paris a Veneza, de Veneza a Claremont, de Claremont a Paris. O conde de Chambord lança um manifesto no qual, "com a ajuda de todos os membros de sua família", anuncia não a sua, mas a Restauração "nacional". O orleanista Salvandy atira-se

161

O DEZOITO DE BRUMÁRIO

aos pés de Henrique V. Os chefes legitimistas, Berryer, Benoist d'Azy, Saint-Priest, viajam até Claremont a fim de convencer os orleanistas, porém em vão. Os adeptos da fusão percebem tarde demais que os interesses das duas facções burguesas nem perdem seu exclusivismo nem adquirem maleabilidade quando acentuados na forma de interesse de família, interesses de duas casas reais. Se Henrique V viesse a reconhecer o conde de Paris como seu sucessor — o único êxito que, na melhor das hipóteses, poderia alcançar a fusão — a Casa de Orléans não conquistaria nenhum direito que já não tivesse assegurado devido à ausência de herdeiros de Henrique V, mas perderia, por outro lado, todos os direitos que havia alcançado com a Revolução de Julho [de 1830]. Renunciaria a suas pretensões primitivas, a todos os títulos que arrancara do ramo mais antigo dos Bourbons em quase cem anos de luta; trocaria sua prerrogativa histórica, a prerrogativa do reino moderno, pela prerrogativa de sua árvore genealógica. A fusão, portanto, não representaria senão a abdicação voluntária da Casa de Orléans, sua renúncia à legitimidade, o recuo arrependido da igreja protestante do Estado à Igreja Católica. Um recuo que, ademais, não a conduziria sequer ao trono que perdera, mas apenas aos degraus do trono onde nascera. Os velhos ministros orleanistas, Guizot, Duchâtel etc. que acorriam também a Claremont a fim de advogar a fusão, representavam na realidade apenas a ressaca da Revolução de Julho, a desilusão em face do reino burguês e da realeza da burguesia, a crença supersticiosa na legitimidade como o último amuleto contra a anarquia. Embora se afigurassem

VI

como mediadores entre os Orléans e os Bourbons, eles nada mais eram, na realidade, do que orleanistas renegados, e o príncipe de Joinville recebeu-os como tais. Por outro lado, a ala orleanista, que tinha possibilidades de se desenvolver, seu setor belicoso. Thiers, Baze etc., convenceu com tanta maior facilidade a família de Luís Filipe de que se qualquer restauração diretamente monarquista pressupunha a fusão das duas dinastias e uma tal fusão pressupunha a abdicação da Casa de Orléans — estava, pelo contrário, perfeitamente de acordo com a tradição de seus antepassados reconhecer no momento a república e esperar até que os acontecimentos permitissem converter em trono a cadeira presidencial. Circularam rumores sobre a candidatura de Joinville, aguçou-se a curiosidade do público e, alguns meses mais tarde, em setembro, após a rejeição da reforma constitucional, sua candidatura foi publicamente proclamada.

A tentativa de realizar uma fusão de orleanistas e legitimistas, portanto, não só fracassara como destruíra sua *fusão parlamentar*, sua forma comum republicana, e fragmentara o Partido da Ordem em seus elementos componentes; mas quanto mais crescia a divergência entre Claremont e Veneza, quanto mais falhavam as possibilidades de acordo e a agitação de Joinville ganhava terreno; tanto mais vivas e intensas se tornavam as negociações entre o ministro bonapartista Faucher e os legitimistas.

A desintegração do Partido da Ordem não se deteve ao reduzir-se a seus elementos primitivos. Cada uma das duas alas principais, por sua vez, experimentou novo processo de

O DEZOITO DE BRUMÁRIO

decomposição. Era como se todos os velhos matizes que anteriormente lutavam e se debatiam um contra o outro dentro de cada um dos dois campos, tanto do legitimista como do orleanista, como infusórios secos ao contato da água, tivessem novamente adquirido suficiente energia vital para constituir grupos próprios e antagonismos independentes. Os legitimistas imaginavam estar novamente em meio às controvérsias existentes entre as Tulherias e o Pavilhão Marsan,* entre Villèle e Polignac. Os orleanistas reviviam os tempos áureos dos torneios entre Guizot, Molé, Broglie, Thiers e Odilon Barrot.

A ala do Partido da Ordem que ansiava pela reforma, mas que estava novamente cindida sobre a questão dos limites dessa reforma, uma ala composta por legitimistas chefiados de um lado por Berryer e Falloux e de outro lado La Rochejaquelin, bem como pelos orleanistas cansados de lutar chefiados por Molé, Broglie, Montalembert e Odilon Barrot, entrou em acordo com os representantes bonapartistas sobre a seguinte moção, indefinida e ampla: "Os representantes abaixo assinados, tendo em vista restaurar a nação no pleno exercício de sua soberania, propõem que seja procedida a reforma da Constituição." Não obstante, ao mesmo tempo declaravam unanimemente, através de seu porta-voz, Tocqueville, que a Assembleia Nacional não tinha o direito de propor a *abolição da república*, que esse direito cabia exclusivamente à câmara

---

* Referência ao conflito existente, durante a Restauração, entre Luís XVIII, que residia no Palácio das Tulherias, e o representante de uma política ainda mais reacionária, o conde d'Artois (que se tornou o rei Carlos X), irmão de Luís XVIII, que residia no Pavilhão Marsan. [N. de Leandro Konder]

VI

encarregada da reforma. Quanto ao mais, a Constituição só poderia ser reformada de *maneira "legal"*, ou seja, se, conforme o preceito constitucional, três quartos dos votos se manifestassem a favor da reforma. Em 19 de julho, depois de seis dias de tempestuosos debates, a reforma foi rejeitada, como era de esperar. Houve 446 votos a favor, mas 278 contrários. Os orleanistas extremados, Thiers, Changarnier etc., votaram com os republicanos e a Montanha.

A maioria do Parlamento declarou-se, assim, contra a constituição, mas essa mesma Constituição declarava-se a favor da minoria e estabelecia como decisivo o pronunciamento desta. Não tinha o Partido da Ordem, entretanto, em 31 de maio de 1850 e em 13 de junho de 1849, subordinado a Constituição à maioria parlamentar? Não fora toda a sua política baseada até agora na subordinação dos parágrafos da Constituição às decisões da maioria parlamentar? Não havia deixado aos democratas a superstição bíblica na letra da lei, e castigado por isso esses mesmos democratas? No momento, porém, a reforma da Constituição não significava senão a manutenção do poder presidencial, da mesma forma que a manutenção da Constituição significava apenas a deposição de Bonaparte. O Parlamento manifestava-se favorável a ele, mas a Constituição declarava-se contra o Parlamento. Ele, portanto, agiu de acordo com o Parlamento quando rasgou a Constituição, e de acordo com a Constituição quando dissolveu o Parlamento.

O Parlamento declarou a Constituição, e com ela seu próprio poder, "acima da maioria"; mediante seus votos ab-rogara a Constituição e prorrogara o poder presidencial, declarando

O DEZOITO DE BRUMÁRIO

ao mesmo tempo que nem aquela podia morrer nem este viver enquanto ele próprio continuasse a existir. Os que deveriam enterrá-lo já esperavam junto à porta. Enquanto o Parlamento discutia a reforma, Bonaparte destituiu o general Baraguey d'Hilliers, que se mostrara irresoluto no comando da Primeira Divisão do Exército, nomeando para substituí-lo o general Magnan, o vencedor de Lyon, o herói das jornadas de dezembro, uma de suas criaturas, que sob Luís Filipe, por ocasião da expedição a Boulogne, já se comprometera mais ou menos a favor de Bonaparte.

Com sua decisão sobre a reforma, o Partido da Ordem demonstrou que não sabia nem governar nem servir; nem morrer; nem suportar a república nem derrubá-la; nem defender a Constituição nem revogá-la; nem cooperar com o presidente nem romper com ele. De onde esperava então a solução de todas as contradições? Do calendário, da marcha dos acontecimentos. Deixou de atribuir a si mesmo o poder sobre os acontecimentos. Desafiou, portanto, os acontecimentos a assumirem o controle sobre ele, desafiando dessa maneira o poder ao qual, no decurso da luta contra o povo, cedera uma prerrogativa atrás da outra, até permanecer impotente diante desse poder. A fim de que o chefe do Poder Executivo pudesse com maior tranquilidade traçar contra ele seu plano de campanha, reforçar seus meios de ataque, escolher suas armas e fortificar suas posições, precisamente nesse momento crítico o Parlamento resolveu retirar-se de cena e suspender suas sessões durante três meses, de 10 de agosto a 4 de novembro.

VI

Não apenas o partido parlamentar estava dividido em suas duas grandes facções, não apenas cada uma dessas estava desintegrada em si mesma, mas o Partido da Ordem no parlamento se desfez com o Partido da Ordem fora do parlamento. Os arautos e escribas da burguesia, sua plataforma e sua imprensa, em suma, os ideólogos da burguesia, e a própria burguesia, representantes e os representados, enfrentavam-se com hostilidade e não mais se compreendiam.

Os legitimistas das províncias, com seu horizonte limitado e seu entusiasmo ilimitado, acusavam seus dirigentes parlamentares, Berryer e Falloux, de haverem desertado para o campo bonapartista, de terem abandonado Henrique V. Seus cérebros liriais acreditavam no pecado original, mas não na diplomacia.

Muito mais fatal e decisiva foi a ruptura da burguesia comercial com seus políticos. Censuravam-nos, não como os legitimistas censuravam os seus, por terem abandonado seus princípios que já se haviam tornado inúteis.

Já indiquei antes como, desde a entrada de Fould para o ministério, a ala da burguesia comercial que detivera a parte do leão no governo de Luís Filipe, ou seja, a *aristocracia financeira*, tornara-se bonapartista. Fould não representava apenas os interesses de Bonaparte na Bolsa, representava também os interesses da Bolsa junto a Bonaparte. A posição da aristocracia financeira está pintada de forma magistral em uma passagem de seu órgão europeu, *The Economist* de Londres. Em seu número de 19 de fevereiro de 1851 escreve o correspondente de Paris: "Tivemos oportunidade de comprovar em numerosas

O DEZOITO DE BRUMÁRIO

fontes que a França deseja, acima de tudo, a tranquilidade. O presidente o declara em sua mensagem à Assembleia Legislativa; e o mesmo é repetido da tribuna; afirmado nos jornais; anunciado do púlpito; e *é demonstrado pela sensibilidade dos títulos públicos à menor perspectiva de perturbação, e por sua estabilidade quando se torna evidente que o Poder Executivo sai vitorioso.*"

Em seu número de 29 de novembro de 1851 o *The Economist* declara em seu próprio nome: "O *Presidente é o guardião da ordem,* e *é agora reconhecido como tal em todas as Bolsas de Valores da Europa.*" A aristocracia financeira condenava, portanto, a luta parlamentar do Partido da Ordem contra o Poder Executivo como uma perturbação da ordem, e comemorava cada vitória do presidente sobre os supostos representantes dela como *vitórias da ordem.* Por aristocracia financeira não se deve entender aqui apenas os grandes promotores de empréstimos e especuladores de títulos públicos, a respeito dos quais se torna imediatamente óbvio que seus interesses coincidem com os interesses do poder público. Todo o moderno círculo financeiro, todo o setor de atividades bancárias está entrelaçado na forma mais íntima com o crédito público. Parte de seu capital ativo é necessariamente invertida e posta a juros em títulos públicos de fácil resgate. Os depósitos de que dispõem, o capital colocado a sua disposição e por eles distribuído entre comerciantes e industriais, provêm em parte dos dividendos de possuidores de títulos do governo. Se em todas as épocas a estabilidade do poder público significava tudo para todo o mercado financeiro e para os oficiantes desse

VI

mercado financeiro, por que não o seria hoje, e com muito mais razão, quando cada dilúvio ameaça destruir os velhos Estados e, com eles, as velhas dívidas do Estado?

Também a *burguesia industrial*, em seu fanatismo pela ordem, irritava-se com as disputas em que o Partido da Ordem se empenhava no Parlamento com o Poder Executivo. Depois de seu voto em 18 de janeiro, por ocasião da destituição de Changarnier, Thiers, Anglas, Saine-Beuve etc., receberam precisamente de seus constituintes dos distritos industriais censuras públicas, nas quais sua coligação com a Montanha era particularmente condenada como alta traição contra a ordem. Se, como vimos, as críticas arrogantes, as mesquinhas intrigas que assinalaram a luta do Partido da Ordem contra o presidente, não mereceram melhor recepção, então, por outro lado, esse partido burguês, que exigia que seus representantes permitissem, sem oferecer resistência, que o poder militar passasse das mãos de seu próprio Parlamento para as de um pretendente aventureiro — não era sequer digno das intrigas desperdiçadas em sua intenção. Demonstrou que a luta para manter seus interesses *públicos*, seus próprios *interesses de classe*, seu *poder político*, só lhe trazia embaraço e desgostos, pois constituía uma perturbação dos seus negócios privados.

Quase que sem exceções os dignitários burgueses das cidades da província, as autoridades municipais, os juízes dos tribunais comerciais etc. recebiam Bonaparte em todas as localidades que visitava em suas excursões, da maneira mais abjeta, mesmo quando, como aconteceu em Dijon, ele des-

O DEZOITO DE BRUMÁRIO

feriu um ataque sem reservas contra a Assembleia Nacional e, especialmente, contra o Partido da Ordem.

Quando o comércio era próspero, como ainda era em princípios de 1851, a burguesia comerciante enfurecia-se contra qualquer luta parlamentar, temendo que o comércio viesse a ressentir-se disso. Quando o comércio andava mal, como acontecia constantemente a partir do fim de fevereiro de 1851, a burguesia comerciante acusava as lutas parlamentares como responsáveis pela paralisação e clamava para que cessassem, a fim de que o comércio pudesse desenvolver-se novamente. Os debates sobre a reforma coincidiram justamente com esse período difícil. Tratando-se aqui da questão do ser ou não ser da forma de governo vigente, a burguesia sentia-se tanto mais autorizada a exigir que seus representantes pusessem fim a essa torturante situação provisória e mantivessem ao mesmo tempo o *status quo*. Não havia nisso nenhuma contradição. Por fim da situação provisória ela compreendia precisamente a sua perpetuação, o adiamento para um futuro distante do momento em que uma decisão tivesse que ser tomada. O *status quo* só poderia ser mantido de duas maneiras: pela prorrogação do poder de Bonaparte, ou mediante sua renúncia constitucional e a eleição de Cavaignac. Um setor da burguesia desejava esta última solução e não soube dar a seus representantes outro conselho senão o de que se conservassem em silêncio e não tocassem na questão candente. Estavam convencidos de que se seus representantes não falassem, Bonaparte não agiria. Queriam um Parlamento-avestruz, que escondesse a cabeça para permanecer oculto. Outro setor da burguesia desejava,

170

VI

tendo em vista que Bonaparte já se encontrava na presidência, que continuasse no posto, a fim de que tudo pudesse prosseguir na mesma rotina de sempre. Irritavam-se por não ter o Parlamento violado abertamente a Constituição e abdicado sem maiores formalidades.

Os Conselhos Gerais dos Departamentos, aqueles organismos provinciais que representavam a alta burguesia e que se reuniam a partir de 25 de agosto, durante o período de recesso da Assembleia Nacional, manifestaram-se quase que por unanimidade pela reforma, e, por conseguinte, contra o Parlamento e a favor de Bonaparte.

De maneira ainda mais inequívoca do que o seu afastamento de seus próprios *representantes parlamentares*, a burguesia demonstrou sua cólera contra seus representantes literários, sua própria imprensa. As sentenças, condenando a ruinosas multas e a descabidos períodos de encerramento, ditadas pelos júris burgueses por qualquer ataque de jornalistas burgueses contra os desejos usurpatórios de Bonaparte, qualquer tentativa da imprensa de defender os direitos políticos da burguesia contra o Poder Executivo, assombravam não só a França, como toda a Europa.

Se o *partido parlamentar da ordem*, com seu clamor pela tranquilidade, como demonstrei, comprometia-se a manter-se tranquilo, se declarava o domínio político da burguesia incompatível com a segurança e a existência da burguesia, destruindo com suas próprias mãos, na luta contra as demais classes da sociedade, todas as condições necessárias ao seu próprio regime, o regime parlamentar, por outro lado a

O DEZOITO DE BRUMÁRIO

massa extraparlamentar da burguesia, com seu servilismo para com o presidente, com seus insultos ao Parlamento, com maus-tratos a sua própria imprensa, convidava Bonaparte a suprimir e aniquilar o setor do partido que falava e escrevia, seus políticos e literatos, sua tribuna e sua imprensa, a fim de poder entregar-se então a seus negócios particulares com plena confiança, sob a proteção de um governo forte e absoluto. Declarava inequivocamente que ansiava se livrar de seu próprio domínio político a fim de se livrar das tribulações e perigos desse domínio.

E essa massa, que já se rebelara contra a luta puramente parlamentar e literária pelo domínio de sua própria classe e traíra os dirigentes dessa luta, ousa agora, depois do caso passado, acusar o proletariado por não se ter levantado em uma luta sangrenta, uma luta de vida ou de morte, em sua defesa! Essa massa, que sacrificava a cada momento seus interesses gerais de classe, isto é, seus interesses políticos, aos mais mesquinhos e mais sórdidos interesses particulares, e exigia de seus representantes idêntico sacrifício, queixa-se agora de que o proletariado não se tenha sacrificado aos seus interesses materiais, os interesses políticos ideais dela! Apresenta-se como uma alma pura a quem o proletariado, desencaminhado pelos socialistas, não teria sabido compreender e havia abandonado no momento decisivo. E encontra um eco geral no mundo burguês. Não me refiro aqui, naturalmente, aos politiqueiros alemães e ao refugo ideológico da mesma origem. Refiro-me, por exemplo, ao já citado *Economist*, que já em 29 de novembro de 1851, ou seja, quatro dias antes do golpe de Estado, apresentou

VI

Bonaparte como o "guardião da ordem" e Thiers e Berryer como "anarquistas", e em 27 de dezembro de 1851, depois que Bonaparte havia aquietado esses anarquistas, já vocifera sobre a traição perpetrada pelas "massas proletárias, ignorantes, incultas e estúpidas contra a habilidade, conhecimento, disciplina, influência mental, recursos intelectuais e peso moral das camadas médias e superiores". Massa estúpida, ignorante e grosseira era a própria massa burguesa. É bem verdade que em 1851 a França atravessou uma pequena crise comercial. Em fins de fevereiro registrou-se um declínio das exportações em comparação a 1850: em março o comércio experimentou um revés e as fábricas deixaram de trabalhar; em abril a situação dos departamentos industriais parecia tão desesperadora como depois das jornadas de fevereiro; em maio os negócios não tinham ainda tomado pé; em 28 de junho o ativo do Banco de França demonstrava, pelo enorme aumento dos depósitos e o decréscimo igualmente grande em adiantamentos contra letras de câmbio, que a produção estava paralisada, e só em meados de outubro começou a produzir-se uma melhora progressiva nos negócios. A burguesia francesa atribuía essa paralisação do comércio a causas puramente políticas, à luta entre o Parlamento e o Poder Executivo, à precariedade de uma forma provisória de governo, à aterradora perspectiva do segundo domingo de maio de 1852. Não negarei que todas essas circunstâncias exerciam um efeito deprimente em alguns ramos da indústria de Paris e dos Departamentos. Essa influência das condições políticas, contudo, era apenas local e sem importância. Será necessária outra prova disso além do

O DEZOITO DE BRUMÁRIO

fato de que a melhora do comércio se produziu em meados de outubro, no momento preciso em que a situação política se agravou, o horizonte político escureceu, e esperava-se a qualquer momento que caísse um raio do Eliseu? Quanto ao mais, o burguês francês, cuja "habilidade, conhecimento, intuição espiritual e recursos intelectuais" não ia além do próprio apêndice nasal, podia ter encontrado a causa de sua miséria comercial, durante todo o período da Exposição Industrial de Londres, diretamente diante do nariz. Enquanto na França as fábricas fechavam, na Inglaterra ocorriam falências comerciais. Enquanto em abril e maio o pânico industrial alcançou seu clímax na França, em abril e maio o pânico comercial atingiu seu clímax na Inglaterra. Os lanifícios ingleses atravessavam as mesmas dificuldades dos franceses, o mesmo acontecendo com a indústria da seda dos dois países. É bem verdade que os cotonifícios ingleses continuavam trabalhando, mas já não realizavam os lucros obtidos em 1849 e 1850. A única diferença era que na França a crise era industrial, ao passo que na Inglaterra era comercial; que enquanto na França as fábricas estavam paralisadas, na Inglaterra ampliavam sua capacidade, embora sob condições menos favoráveis do que nos anos precedentes; que na França eram as exportações, enquanto na Inglaterra eram as importações que haviam sido mais seriamente atingidas pela crise. A causa comum que, naturalmente, não deve ser procurada dentro dos limites do horizonte político francês era evidente. Os anos de 1849 e 1850 foram os anos de maior prosperidade material e de

VI

uma superprodução que só se manifestou como tal em 1851. Esta superprodução em princípios desse ano recebeu novo e especial impulso com a perspectiva da Exposição Industrial. Registraram-se, ademais, as seguintes circunstâncias peculiares: primeiro a perda parcial da safra de algodão em 1850 e 1851, em seguida a certeza da obtenção de uma safra de algodão maior do que se esperava; primeiro a subida, em seguida a queda brusca, em suma, flutuações do preço do algodão. A safra de seda bruta, pelo menos na França, tinha sido inferior à produção média. Finalmente, os lanifícios tinham-se expandido a tal ponto desde 1848 que a produção de lã não podia manter as normas de abastecimento, e o preço da lã em bruto subiu em completa desproporção ao preço dos artigos de lã. Já temos, portanto, aqui, na matéria-prima para três indústrias do mercado mundial, três motivos para uma paralisação do comércio. Independentemente dessas circunstâncias especiais, a crise aparente de 1851 não era nada mais do que a parada que a superprodução e a superespeculação invariavelmente provocam no ciclo industrial, antes de reunirem todas as suas forças a fim de se precipitarem febrilmente através da última fase desse ciclo e alcançarem mais uma vez o ponto de partida, a *crise geral do comércio*. Durante tais intervalos na história do comércio irrompem na Inglaterra as falências comerciais, ao passo que na França é a própria indústria que tem de se paralisar, em parte porque foi forçada a retroceder dada a concorrência dos ingleses que precisamente então começava a fazer-se intolerável em todos os mercados, e em parte por

O DEZOITO DE BRUMÁRIO

ser uma indústria de luxo*, que deve preferentemente sofrer as consequências de toda crise comercial. Portanto, além das crises gerais, a França experimenta crises comerciais internas, que são, não obstante, determinadas e condicionadas muito mais pelas condições gerais do mercado mundial do que por influências locais francesas. Não seria desinteressante estabelecer um confronto entre o discernimento do burguês inglês e o preconceito do burguês francês. Em seu relatório anual de 1851, uma das maiores firmas comerciais de Liverpool declara: "Poucos anos têm desmentido de maneira tão cabal os prognósticos feitos em seu início como o ano que acaba de findar; em vez da grande prosperidade que era quase unanimemente esperada, este ano revelou-se um dos mais decepcionantes do último quarto de século — referimo-nos, naturalmente, às *classes mercantis,* e não às *classes manufatureiras.* Não obstante, no começo do ano havia certamente motivos para esperar-se o contrário — os estoques de produtos eram moderados, o capital era abundante, os gêneros alimentícios, baratos, bem assegurada uma colheita generosa, reinava completa paz no continente, e o nosso país não experimentava quaisquer perturbações políticas ou fiscais; nunca, efetivamente, estiveram mais livres as asas do comércio... A que atribuir, então, esse resultado desastroso? Julgamos que ao *excesso* tanto das

---

* Hoje, a indústria de luxo é muito mais especializada que na época, de modo que alguns itens de luxo podem sofrer as crises quando caem em prioridade de consumo, enquanto outros seguem em demanda porque seus consumidores mais abastados não são afetados pelas crises de consumo e custo de vida geral. [Nota de Sabrina Fernandes]

VI

importações como das exportações. A menos que os nossos comerciantes estabeleçam maiores restrições a sua liberdade de ação, só um pânico *trienal poderá deter-nos.*"*

Imaginai agora o burguês francês, o seu cérebro comercialmente enfermo, torturado na agonia desse pânico comercial, girando estonteado pelos boatos de golpes de Estado e de restauração do sufrágio universal, pela luta entre o Parlamento e o Poder Executivo, pela guerra da Fronda entre orleanistas e pelas conspirações comunistas no sul da França, pelas supostas *Jacqueries* nos Departamentos de Nièvre e Cher, pela propaganda de diversos candidatos à presidência, pelas palavras de ordem dos jornais que lembravam os pregões de vendedores ambulantes, pelas ameaças dos republicanos de defender a Constituição e o sufrágio universal de armas na mão, pela pregação dos emigrados heróis *in partibus,* que anunciavam que o mundo se acabaria no segundo domingo de maio de 1852 — pensai em tudo isso e compreendereis a razão pela qual em meio a essa incrível e estrepitosa confusão de revisão, fusão, prorrogação, Constituição, conspiração, coligação, usurpação e revolução, o burguês berra furiosamente para a sua república parlamentar: "Antes um fim com terror do que um terror sem fim."

Bonaparte compreendeu esse grito. Seu poder de compreensão se aguçara com a crescente turbulência de credores que viam em cada crepúsculo que tornava mais próximo o dia do vencimento, o segundo domingo de maio de 1852, um movi-

---

* Citação de *The Economist* de 10 de janeiro de 1852, pp. 29-30. [N. de L.K.]

O DEZOITO DE BRUMÁRIO

mento dos astros protestando suas terrenas letras de câmbio. Tinham-se convertido em verdadeiros astrólogos. A Assembleia Nacional havia frustrado as esperanças de Bonaparte em uma prorrogação constitucional de seus poderes; a candidatura do príncipe de Joinville impedia maiores vacilações.

Se alguma vez um acontecimento projetou adiante a sua sombra muito antes de ocorrer, foi o golpe de Estado de Bonaparte. Já em 29 de janeiro de 1849, pouco mais de um mês depois de sua eleição, fizera a Changarnier uma proposta nesse sentido. No verão de 1849, seu próprio primeiro-ministro, Odilon Barrot, denunciara veladamente a política de golpes de Estado; no inverno de 1850, Thiers fizera-o abertamente. Em maio de 1851, Persigny tentara novamente ganhar o apoio de Changarnier para o golpe; o *Messager de l'Assemblée*[*] publicou uma notícia sobre essas negociações. Os jornais bonapartistas ameaçavam com um golpe de Estado cada vez que ocorria uma tempestade parlamentar, e tornavam-se mais agressivos à medida que a crise se aproximava. Nas orgias que Bonaparte celebrava todas as noites com vigaristas[†] de ambos os sexos, quando se aproximava a meia-noite e as copiosas libações desatavam as línguas e aguçavam a imaginação, o golpe de Estado era marcado para a manhã seguinte. As espadas foram desembainhadas, as taças estremeceram, representantes voaram pelas janelas, o manto imperial caiu sobre os ombros de Bonaparte, até que o romper da aurora afugentou novamente

---

[*] *Messager de l'Assemblée*: Diário antibonapartista editado em Paris em 1851. [N. de L.K.]

[†] Vigaristas: Marx usa o inglês *swell mob* no original. [N. de L.K.]

VI

o fantasma e Paris, estupefata, tornava a inteirar-se, pelas virgens menos reservadas e pelos paladinos indiscretos, do perigo de que tinha novamente escapado. Durante os meses de setembro e outubro os boatos de golpe de Estado sucediam-se rapidamente. Ao mesmo tempo a sombra ganhava cores, como um daguerreótipo* iluminado. Ao consultar os números de setembro e outubro dos órgãos da imprensa diária europeia e, palavra por palavra, encontram-se indicações como esta: "Paris está cheia de boatos sobre um golpe de Estado. Diz-se que a capital será tomada pelas tropas durante a noite, e que na manhã seguinte aparecerão os decretos de dissolução da Assembleia Nacional, declarando o Departamento do Sena sob estado de sítio, restaurando o sufrágio universal e apelando para o povo. Diz-se que Bonaparte anda em busca de ministros para porem em execução esses decretos ilegais." As correspondências que trazem essas notícias terminam sempre com a palavra fatal: "adiado". O golpe de Estado foi sempre a ideia fixa de Bonaparte. Com esta ideia em mente voltara a pisar o solo francês. Estava tão obcecado por ela que constantemente deixava-a transparecer. Estava tão fraco que, também constantemente, desistia dela. A sombra do golpe de Estado tornara-se tão familiar aos parisienses sob a forma de fantasma, que quando finalmente apareceu em carne e osso não queriam acreditar no que viam. O que permitiu, portanto, o êxito do golpe de Estado não foi nem a reserva reticente do chefe da Sociedade de 10 de Dezembro, nem o fato de

---

* Antigo equipamento fotográfico. [N. de S.F.]

O DEZOITO DE BRUMÁRIO

a Assembleia Nacional ter sido colhida de surpresa. Se teve êxito, foi apesar da indiscrição *daquele* e com o conhecimento antecipado *desta* — resultado necessário e inevitável de acontecimentos anteriores.

Em 10 de outubro, Bonaparte comunicou a seus ministros sua decisão de restaurar o sufrágio universal; em 16, estes apresentaram suas renúncias; em 26, Paris teve conhecimento da formação do ministério Thorigny. O chefe de Polícia, Carlier, foi simultaneamente substituído por Maupas; o chefe da Primeira Divisão Militar, Magnan concentrou na capital os regimentos mais leais. Em 4 de novembro, a Assembleia Nacional reiniciou suas sessões. Não tinha nada melhor a fazer do que recapitular, em forma breve e sucinta, o curso pelo qual tinha passado, e provar que tinha sido enterrada apenas depois de sua morte.

O primeiro posto que perdeu em sua luta contra o Poder Executivo foi o ministério. Teve que reconhecer solenemente essa derrota aceitando a autoridade do ministério Thorigny, um mero simulacro de gabinete. A Comissão Permanente recebeu o Sr. Giraud debaixo de risos, quando ele se apresentou como representante dos novos ministros. Um ministério tão fraco para medidas fortes como a restauração do sufrágio universal! O objetivo exato, porém, era não fazer passar nada no Parlamento, mas tudo *contra* o Parlamento.

No mesmo dia de sua reabertura a Assembleia Nacional recebeu a mensagem de Bonaparte na qual ele exigia a restauração do sufrágio universal e a revogação da lei de 31 de

VI

maio de 1850. No mesmo dia seus ministros apresentaram um decreto nesse sentido. A Assembleia Nacional rejeitou imediatamente o pedido de urgência do ministério, e em 13 de novembro, rejeitou o projeto de lei por 355 votos contra 348. Rasgou, assim, seu mandato uma vez mais; uma vez mais confirmou o fato de que se transformara, de corpo de representantes livremente eleitos pelo povo, em Parlamento usurpador de uma classe; que cortara, ela mesma, os músculos que ligavam a cabeça parlamentar ao corpo da nação.

Se, com sua moção de restaurar o sufrágio universal, o Poder Executivo apelava da Assembleia Nacional para o povo, com sua Lei dos Questores,* o Poder Legislativo apelou do povo para o exército. Essa Lei dos Questores devia estabelecer seu direito de requisitar tropas diretamente, de formar um exército parlamentar. Colocando assim o exército como árbitro entre ela e o povo, entre ela e Bonaparte, reconhecendo no exército o poder estatal decisivo, tinha que confirmar, por outro lado, o fato de que havia muito tempo desistira de sua pretensão de dominar esse poder. Ao debater seu direito a requisitar tropas, em vez de requisitá-las imediatamente, deixava transparecer suas dúvidas quanto a seus próprios poderes. Ao rejeitar a Lei dos Questores confessou publicamente a sua impotência. Esse projeto foi derrotado, faltando a seus proponentes apenas 108 votos para obterem maioria. A Montanha, portanto, decidiu a questão. Viu-se na situação do

---

* Na Roma antiga, questores eram funcionários de nível baixo do Senado, muitos responsáveis pela coleta de impostos e administração financeira. [N. de S.F.]

O DEZOITO DE BRUMÁRIO

asno de Buridan,[*] não porém, entre dois feixes de feno, com o problema de decidir qual dos dois era mais atraente, mas entre as saraivadas de golpes, com o problema de decidir qual era a mais violenta. De um lado havia o medo de Changarnier, do outro, o medo de Bonaparte. Tem-se que reconhecer que a situação nada tinha de heroica.

Em 18 de novembro foi apresentada uma emenda à lei sobre as eleições municipais proposta pelo Partido da Ordem, no sentido de que em vez de três anos bastaria que os eleitores municipais tivessem um ano de domicílio. Essa emenda foi derrotada em discussão única, mas essa discussão única demonstrou logo ter sido um erro. Fragmentando-se em facções hostis o Partido da Ordem perdera havia muito sua maioria parlamentar independente. Mostrou agora que já não havia maioria alguma no Parlamento. A Assembleia Nacional tornou-se *incapaz de adotar acordos*. Os átomos que a constituíram não mais se mantinham unidos por qualquer força de coesão; exalara seu último suspiro; estava morta.

Finalmente, poucos dias antes de catástrofe, a massa extraparlamentar da burguesia devia confirmar solenemente, uma vez mais, sua ruptura com a burguesia do Parlamento. Thiers, que, como herói parlamentar, estava mais contagiado do que os demais do mal incurável do cretinismo parlamentar, arquitetara juntamente com o Conselho de Estado, depois da morte do Parlamento, uma nova intriga parlamentar, uma

---

[*] Paradoxo cujo nome faz referência ao filósofo da Idade Média Jean Buridan. [N. de S.F.]

VI

Lei de Responsabilidades, com a qual se pretendia manter o presidente firmemente dentro dos limites da Constituição. Assim como em 15 de setembro, ao lançar a pedra fundamental do novo mercado de Paris, Bonaparte, como um segundo Masaniello, encantara as *dames des bales**, as mulheres do mercado — é verdade que uma delas representava, em poder efetivo, mais do que 17 burgraves; assim como depois da introdução da Lei dos Questores ele cativara os tenentes que regalava no Eliseu, assim, agora, em 25 de novembro, arrebatou a burguesia industrial, que se reunira no circo para receber de suas mãos medalhas de honra pela Exposição Industrial de Londres. Transcreverei aqui a parte significativa de seu discurso, segundo o *Journal des Débats*: "Diante de êxitos tão inesperados, creio que tenho razão de reiterar quão grande seria a República Francesa se lhe permitissem defender seus verdadeiros interesses e reformar suas instituições, em vez de estar sendo constantemente perturbada, de um lado por demagogos, e de outro por alucinações monarquistas. (*Fortes, estrondosos e repetidos aplausos de todos os lados do anfiteatro.*) As alucinações monarquistas retardam todo o progresso e todos os ramos importantes da indústria. Em vez de progresso vê-se apenas luta. Vemos os homens que eram antes os pilares mais zelosos do poder e das prerrogativas reais tornarem-se partidários de uma Convenção com o propósito único de debilitar o poder que emanou do sufrágio universal. (*Fortes e*

---

* *Dames des bales*: Mulheres que comerciam nos mercados centrais de Paris. [N. de L.K.]

O DEZOITO DE BRUMÁRIO

repetidos aplausos) Vemos os homens que mais sofreram com a Revolução, e que mais a deploraram, provocar uma nova revolução, e apenas para amordaçar a vontade da nação... Prometo-vos tranquilidade para o futuro" etc. etc. (*Bravo, bravo, uma tempestade de bravos.*)

A burguesia industrial aclama assim, com aplausos abjetos, o golpe de Estado de 2 de dezembro, a aniquilação do Parlamento, a queda de seu próprio domínio, a ditadura de Bonaparte. A trovoada de aplausos de 25 de novembro teve sua resposta no troar dos canhões em 4 de dezembro, e foi na casa Sr. Sallandrouze, um dos que mais aplaudira, onde foi cair o maior número de bombas.

Cromwell, quando dissolveu o Parlamento Amplo, entrou sozinho na sala de sessões, puxou o relógio a fim de que tudo acabasse no minuto exato que havia fixado e expulsou os membros do Parlamento um por um com insultos hilariantes e humorísticos. Napoleão, de estatura menor que seu modelo, apresentou-se pelo menos perante o Poder Legislativo no 18 de Brumário e embora com voz embargada, leu para a Assembleia sua sentença de morte. O segundo Bonaparte, que, ademais, dispunha de um Poder Executivo muito diferente do de Cromwell ou do de Napoleão, buscou seu modelo não nos anais da história do mundo, mas nos anais da Sociedade de 10 de Dezembro, nos anais dos tribunais criminais. Rouba 25 milhões de francos ao Banco de França, compra o general Magnan com 1 milhão, os soldados, por 15 francos cada um e um pouco de aguardente, reúne-se secretamente com seus cúmplices, como um ladrão, na calada da noite, ordena que

VI

sejam assaltadas as residências dos dirigentes parlamentares mais perigosos e que Cavaignac, Lamoricière, Leflô, Changarnier, Charras, Thiers, Baze etc. sejam arrancados de seus leitos, que as principais praças de Paris e o edifício do Parlamento sejam ocupados pelas tropas e que cartazes escandalosos sejam colocados ao romper do dia nos muros de Paris proclamando a dissolução da Assembleia Nacional e do Conselho de Estado, a restauração do sufrágio universal e colocando o Departamento do Sena sob estado sítio. Da mesma maneira manda inserir pouco depois no *Moniteur* um documento falso afirmando que parlamentares influentes se haviam agrupado em torno dele em um Conselho de Estado.

O Parlamento acéfalo, reunido no edifício da *mairie* do décimo distrito e consistindo principalmente em legitimistas e orleanistas, vota a deposição de Bonaparte entre repetidos gritos de "Viva a República", arenga em vão a multidão curiosa congregada diante do edifício e é finalmente conduzido, sob a custódia de atiradores de precisão africanos, primeiro para o quartel d'Orsay e, em seguida, amontoado em carros celulares, é transportado para as penitenciárias de Mazas, Ham e Vincennes. Assim terminaram o Partido da Ordem, a Assembleia Legislativa e a Revolução de Fevereiro. Antes de passar rapidamente às conclusões, façamos um breve resumo de sua história:

I — *Primeiro Período*: De 24 de fevereiro a 4 de maio de 1848. Período de Fevereiro. Prólogo. Fraude da confraternização geral.

O DEZOITO DE BRUMÁRIO

II — *Segundo Período*: Período de constituição da república e da Assembleia Nacional Constituinte.

1. De 4 de maio a 25 de junho de 1848. Luta de todas as classes contra o proletariado. Derrota do proletariado nas jornadas de junho.

2. De 25 de junho a 10 de dezembro de 1848. Ditadura dos republicanos burgueses puros. Elaboração do projeto da Constituição. Proclamação do estado de sítio em Paris. A ditadura burguesa é posta à margem em 10 de dezembro com a eleição de Bonaparte para presidente.

3. De 20 de dezembro de 1848 a 28 de maio de 1849. Luta da Assembleia Constituinte contra Bonaparte e contra o Partido da Ordem, aliado a Bonaparte. Fim da Assembleia Constituinte. Queda da burguesia republicana.

III — *Terceiro Período*: Período da *república constitucional* e da *Assembleia Legislativa Nacional*.

1. De 28 de maio de 1849 a 13 de junho de 1849. Luta da pequena burguesia contra a burguesia e contra Bonaparte. Derrota da democracia pequeno-burguesa.

2. De 13 de junho de 1849 a 31 de maio de 1850. Ditadura parlamentar do Partido da Ordem. Completa seu domínio com a abolição do sufrágio universal, mas perde o ministério parlamentar.

3. De 31 de maio de 1850 a 2 de dezembro de 1851. Luta entre a burguesia parlamentar e Bonaparte.

a) De 31 de maio de 1850 a 12 de janeiro de 1851. O Parlamento perde o controle supremo do exército.

VI

b) De 12 de janeiro a 11 de abril de 1851. Leva a pior em suas tentativas de recuperar o poder administrativo. O Partido da Ordem perde sua maioria parlamentar independente. Sua aliança com os republicanos é a Montanha.

c) De 11 de abril de 1851 a 9 de outubro de 1851. Tentativas de revisão, fusão, prorrogação. O Partido da Ordem se decompõe em suas partes integrantes. Torna-se definitiva a ruptura do Parlamento burguês e da imprensa burguesa com a massa da burguesia.

d) De 9 de outubro a 2 de dezembro de 1851. Franca ruptura do Parlamento com o Poder Executivo. O Parlamento consuma seu derradeiro ato e sucumbe, abandonado por sua própria classe, pelo exército e por todas as demais classes. Fim do regime parlamentar e do domínio burguês. Vitória de Bonaparte. Paródia de restauração do império.

VII

No UMBRAL DA Revolução de Fevereiro a *república social* apareceu como uma frase, como uma profecia. Nas jornadas de junho de 1848 foi afogada no sangue do *proletariado de Paris*, mas ronda os subsequentes atos da peça como um fantasma. A *república democrática* anuncia o seu advento. Em 13 de junho de 1849 é dispersada juntamente com sua *pequena burguesia*, que se pôs em fuga, mas que na corrida se vangloria com redobrada arrogância. A *república parlamentar*, juntamente com a burguesia, apossa-se de todo o cenário; goza a vida em toda a sua plenitude, mas o 2 de dezembro de 1851 a enterra sob o acompanhamento do grito de agonia dos monarquistas coligados: "Viva a República!"

A burguesia francesa rebelou-se contra o domínio do proletariado trabalhador; levou ao poder o *lumpemproletariado* tendo à frente o chefe da Sociedade de 10 de Dezembro. A burguesia conservava a França resfolegando de pavor ante os futuros terrores da anarquia vermelha; Bonaparte descontou para ela esse futuro quando, em 4 de dezembro, fez com que o exército da ordem, inspirado pela aguardente, fuzilasse em

O DEZOITO DE BRUMÁRIO

suas janelas os eminentes burgueses do Boulevard Montmartre e do Boulevard des Italiens. A burguesia fez a apoteose da espada; a espada a domina. Destruiu a imprensa revolucionária; sua própria imprensa foi destruída. Colocou as reuniões populares sob a vigilância da polícia; seus salões estão sob a Guarda Nacional democrática; sua própria Guarda Nacional foi dissolvida. Impôs o estado de sítio; o estado de sítio lhe foi imposto. Substituiu os júris por comissões militares; seus júris são substituídos por comissões militares. Submeteu a educação pública ao domínio dos padres; os padres submetem-na à educação deles. Desterrou pessoas sem julgamento; está sendo desterrada sem julgamento. Reprimiu todos os movimentos da sociedade através do poder do Estado; todos os movimentos de sua sociedade são reprimidos pelo poder do Estado. Levada pelo amor à própria bolsa, rebelou-se contra seus políticos e homens de letras; seus políticos e homens de letras foram postos de lado, mas sua bolsa está sendo assaltada agora que sua boca foi amordaçada e sua pena quebrada. A burguesia não se cansava de gritar à revolução o que santo Arsênio gritou aos cristãos: *Fuge, tace, quiesce!* (Foge, cala, sossega!) Agora é Bonaparte que grita à burguesia: *Fuge, tace, quiesce!*

A burguesia francesa havia muito encontrara a solução para o dilema de Napoleão: *Dans cinquante ans l'Europe sera republicaine ou cosaque!** Encontrara a solução na *republique*

---

* *Dans cinquante ans l'Europe sera republicaine ou cosaque!*: "Dentro de cinquenta anos a Europa será ou republicana ou cossaca!" [Nota de Leandro Konder]

VII

cosaque. Nenhuma Circe,[*] por meio de encantamentos, transformara a obra de arte que era a república burguesa em um monstro. A república não perdeu senão a aparência de respeitabilidade. A França de hoje já estava contida, em sua forma completa, na república parlamentar. Faltava apenas um golpe de baioneta para que a bolha arrebentasse e o monstro saltasse diante dos nossos olhos.

Por que o proletariado de Paris não se revoltou depois de 2 de dezembro?

A queda da burguesia mal fora decretada; o decreto ainda não tinha sido executado. Qualquer insurreição séria do proletariado teria imediatamente instilado vida nova à burguesia, a teria reconciliado com o exército e assegurado aos operários uma segunda derrota de junho.

Em 4 de dezembro, o proletariado foi incitado à luta por burgueses e merceeiros. Naquela noite, várias legiões da Guarda Nacional prometeram aparecer, armadas e uniformizadas na cena da luta. Burgueses e merceeiros tinham tido notícia de que, em um de seus decretos de 2 de dezembro, Bonaparte havia abolido o voto secreto e ordenava que marcassem "sim" ou "não", adiante de seus nomes, nos registros oficiais. A resistência de 4 de dezembro intimidou Bonaparte. Durante a noite mandou que fossem colocados cartazes em todas as esquinas de Paris, anunciando a restauração do voto secreto. O burguês e o merceeiro imaginaram que haviam alcançado seu

---

[*] Circe, feiticeira poderosa na mitologia grega, que na Odisseia de Homero transformava homens em animais com seus encantamentos. [Nota de Sabrina Fernandes]

O DEZOITO DE BRUMÁRIO

objetivo. Os que deixaram de comparecer na manhã seguinte foram o burguês e o merceeiro.

Por meio de um *coup de main* durante a noite de 1º para 2 de dezembro Bonaparte despojara o proletariado de Paris de seus dirigentes, os comandantes das barricadas. Um exército sem oficiais, avesso a lutar sob a bandeira dos *montagnards* devido às recordações de junho de 1848 e 1849 e maio de 1850, deixou à sua vanguarda, as sociedades secretas, a tarefa de salvar a honra insurrecional de Paris. Esta Paris, a burguesia a abandonara tão passivamente à soldadesca, que Bonaparte pôde mais tarde apresentar zombeteiramente como pretexto para desarmar a Guarda Nacional o medo de que suas armas fossem voltadas contra ela própria pelos anarquistas!

Cest le triomphe complet et définitif du Socialisme! Assim caracterizou Guizot o 2 de dezembro. Mas se a derrocada da república parlamentar encerra em si o germe da vitória da revolução proletária, seu resultado imediato e palpável foi a vitória de Bonaparte sobre o Parlamento, do Poder Executivo sobre o Poder Legislativo, da força sem frases sobre a força das frases. No Parlamento a nação tornou a lei a sua vontade geral, isto é, tornou sua vontade geral a lei da classe dominante. Renuncia, agora, ante o Poder Executivo, a toda vontade própria e submete-se aos ditames superiores de uma vontade estranha, curva-se diante da autoridade. O Poder Executivo, em contraste com o Poder Legislativo, expressa a heteronomia

---

* *Cest le triomphe complet et définitif du Socialisme!*: "É o triunfo completo e definitivo do Socialismo!" [N. de L.K.]

VII

de uma nação, em contraste com sua autonomia. A França, portanto, parece ter escapado ao despotismo de uma classe apenas para cair sob o despotismo de um indivíduo, e, o que é ainda pior, sob a autoridade de um indivíduo sem autoridade. A luta parece resolver-se de tal maneira que todas as classes, igualmente impotentes e igualmente mudas, caem de joelhos diante da culatra do fuzil.

Mas a revolução é profunda. Ainda está passando pelo purgatório. Executa metodicamente a sua tarefa. Em 2 dezembro, havia concluído a metade de seu trabalho preparatório; conclui agora a outra metade. Primeiro aperfeiçoou o poder do Parlamento, a fim de poder derrubá-lo. Uma vez conseguido isso, aperfeiçoa o *Poder Executivo*, o reduz a sua expressão mais pura, isola-o, lança-o contra si próprio como o único alvo, a fim de concentrar todas as suas forças de destruição contra ele. E quando tiver concluído essa segunda metade de seu trabalho preliminar, a Europa se levantará de um salto e exclamará exultante: Belo trabalho, minha boa toupeira!

Esse Poder Executivo, com sua imensa organização burocrática e militar, com sua engenhosa máquina do Estado, abrangendo amplas camadas com um exército de funcionários totalizando meio milhão, além de mais meio milhão de tropas regulares, esse tremendo corpo de parasitas que envolve como uma teia o corpo da sociedade francesa e sufoca todos os seus poros, surgiu ao tempo da monarquia absoluta, com o declínio do sistema feudal, que contribuiu para apressar. Os privilégios senhoriais dos senhores de terras e das cidades transformaram-se em outros tantos atributos do poder do

O DEZOITO DE BRUMÁRIO

Estado, os dignitários feudais, em funcionários pagos, e o variegado mapa dos poderes absolutos medievais, em conflito entre si, no plano regular de um poder estatal cuja tarefa está dividida e centralizada como em uma fábrica. A primeira Revolução Francesa, em sua tarefa de quebrar todos os poderes independentes — locais, territoriais, urbanos e provinciais — a fim de estabelecer a unificação civil da nação, tinha forçosamente que desenvolver o que a monarquia absoluta começara: a centralização, mas ao mesmo tempo o âmbito, os atributos e os agentes do poder governamental. Napoleão havia aperfeiçoado essa máquina estatal. A monarquia legitimista e a Monarquia de Julho nada mais fizeram do que acrescentar maior divisão do trabalho, que crescia na mesma proporção em que a divisão do trabalho dentro da sociedade burguesa criava novos grupos de interesses e, por conseguinte, novo material para a administração do Estado. Todo interesse *comum* (*gemeinsame*) era imediatamente cortado da sociedade, contraposto a ela como um interesse superior, *geral* (*allgemeines*), retirado da atividade dos próprios membros da sociedade e transformado em objeto da atividade do governo, desde a ponte, o edifício da escola e a propriedade comunal de uma aldeia, até as estradas de ferro, a riqueza nacional e as universidades da França. Finalmente, em sua luta contra a revolução, a república parlamentar viu-se forçada a consolidar, juntamente com as medidas repressivas, os recursos e a centralização do poder governamental. Todas as revoluções aperfeiçoaram essa máquina, em vez de destroçá-la. Os partidos que disputavam o poder encaravam a posse dessa imensa estrutura do Estado como o principal espólio do vencedor.

VII

Mas sob a monarquia absoluta, durante a primeira Revolução, sob Napoleão, a burocracia era apenas o meio de preparar o domínio de classe da burguesia. Sob a Restauração, sob Luís Filipe, sob a república parlamentar, era o instrumento da classe dominante, por muito que lutasse por estabelecer seu próprio domínio.

Unicamente sob o segundo Bonaparte o Estado parece tornar-se completamente autônomo. A máquina do Estado consolidou a tal ponto a sua posição em face da sociedade civil que lhe basta ter à frente o chefe da Sociedade de 10 de Dezembro, um aventureiro surgido de fora, glorificado por uma soldadesca embriagada, comprada com aguardente e salsichas e que deve ser constantemente recheada de salsichas. Daí o contido desalento, o sentimento de terrível humilhação e degradação que oprime a França e lhe corta a respiração. A França se sente desonrada.

E, não obstante, o poder estatal não está suspenso no ar. Bonaparte representa uma classe, e justamente a classe mais numerosa da sociedade francesa, os *pequenos (Parzellen) camponeses*.

Assim como os Bourbons representavam a grande propriedade territorial e os Orléans a dinastia do dinheiro, os Bonapartes são a dinastia dos camponeses, ou seja, da massa do povo francês. O eleito do campesinato não é o Bonaparte que se curvou ao Parlamento burguês, mas o Bonaparte que o dissolveu. Durante três anos as cidades haviam conseguido falsificar o significado da eleição de 10 de dezembro e roubar aos camponeses a restauração do Império. A eleição de 10 de

O DEZOITO DE BRUMÁRIO

dezembro de 1848 só se consumou com o golpe de Estado de 2 de dezembro de 1851.

Os pequenos camponeses constituem uma imensa massa, cujos membros vivem em condições semelhantes, mas sem estabelecerem relações multiformes entre si. Seu modo de produção os isola uns dos outros, em vez de criar entre eles um intercâmbio mútuo. Esse isolamento é agravado pelo mau sistema de comunicações existente na França e pela pobreza dos camponeses. Seu campo de produção, a pequena propriedade, não permite qualquer divisão do trabalho para o cultivo, nenhuma aplicação de métodos científicos e, portanto, nenhuma diversidade de desenvolvimento, nenhuma variedade de talento, nenhuma riqueza de relações sociais. Cada família camponesa é quase autossuficiente; ela própria produz inteiramente a maior parte do que consome, adquirindo assim os meios de subsistência mais através de trocas com a natureza do que do intercâmbio com a sociedade. Uma pequena propriedade, um camponês e sua família; ao lado deles outra pequena propriedade, outro camponês e outra família. Algumas dezenas delas constituem uma aldeia, e algumas dezenas de aldeias constituem um Departamento. A grande massa da nação francesa é, assim, formada pela simples adição de grandezas homólogas, da mesma maneira que batatas em um saco constituem um saco de batatas. Na medida em que milhões de famílias camponesas vivem em condições econômicas que as separam umas das outras, e opõem o seu modo de vida, os seus interesses e sua cultura aos das outras classes da sociedade, estes milhões constituem

VII

uma classe. Mas na medida em que existe entre os pequenos camponeses apenas uma ligação local e em que a similitude de seus interesses não cria entre eles comunidade alguma, ligação nacional alguma, nem organização política, nessa exata medida não constituem uma classe. São, consequentemente, incapazes de fazer valer seu interesse de classe em seu próprio nome, quer através de um Parlamento, quer através de uma Convenção. Não podem representar-se, têm que ser representados. Seu representante tem, ao mesmo tempo, que aparecer como seu senhor, como autoridade sobre eles, como um poder governamental ilimitado que os protege das demais classes e que do alto lhes manda o sol ou a chuva. A influência política dos pequenos camponeses, portanto, encontra sua expressão final no fato de que o Poder Executivo submete ao seu domínio a sociedade.

A tradição histórica originou nos camponeses franceses a crença no milagre de que um homem chamado Napoleão restituiria a eles toda a glória passada. E surgiu um indivíduo que se faz passar por esse homem porque carrega o nome de Napoleão, em virtude do *Code Napoléon*,[*] que estabelece: La recherche de la paternité est interdite.[†] Depois de 20 anos de vagabundagem e depois de uma série de aventuras grotescas, a lenda se consuma e o homem se torna imperador dos franceses. A ideia fixa do sobrinho realizou-se porque coincidia com a ideia fixa da classe mais numerosa do povo francês.

---

[*] *Code Napoléon*: Código Napoleônico. [N. de L.K.]
[†] *La recherche de la paternité est interdite*: "É proibida a investigação da paternidade." [N. de L.K.]

O DEZOITO DE BRUMÁRIO

Mas, pode-se interpor: e os levantes camponeses na metade da França, as investidas do exército contra os camponeses, as prisões e deportações em massa de camponeses?

A França não experimentara, desde Luís XIV, uma semelhante perseguição de camponeses "por motivos demagógicos".

É preciso que fique bem claro. A dinastia de Bonaparte representa não o camponês revolucionário, mas o conservador; não o camponês que luta para escapar às condições de sua existência social, a pequena propriedade, mas antes o camponês que quer consolidar sua propriedade; não a população rural que, ligada à das cidades, quer derrubar a velha ordem de coisas por meio de seus próprios esforços, mas, pelo contrário, aqueles que, presos por essa velha ordem em um isolamento embrutecedor, querem ver-se a si próprios e suas propriedades salvos e beneficiados pelo fantasma do Império. Bonaparte representa não o esclarecimento, mas a superstição do camponês; não o seu bom senso, mas o seu preconceito; não o seu futuro, mas o seu passado; não a sua moderna Cevènnes,* mas a sua moderna Vendée.†

---

* Cevènnes, região montanhosa da França, na qual, em princípios do século XVIII, houve um grande levante de camponeses protestantes (os chamados Camisards). Suas palavras de ordem eram: "Abaixo os Impostos!", "Liberdade de Consciência!". Os insurretos tomavam castelos feudais, escondiam-se nas montanhas, empenhavam-se em guerrilhas. A luta prolongou-se por quase três anos. [N. de L.K.]

† Vendée, região da França que foi o centro da contrarrevolução durante a revolução burguesa de fins do século XVIII. Em sua luta contra a França revolucionária os contrarrevolucionárias se utilizaram dos politicamente atrasados camponeses da Vendée, fortemente influenciados pelo clero católico. [N. de L.K.]

VII

Os três anos de rigoroso domínio da república parlamentar haviam libertado uma parte dos camponeses franceses da ilusão napoleônica, revolucionando-os ainda que apenas superficialmente; mas os burgueses reprimiam-nos violentamente, cada vez que se punham em movimento. Sob a república parlamentar a consciência moderna e a consciência tradicional do camponês francês disputaram a supremacia. Esse progresso tomou a forma de uma luta incessante entre os mestres-escola e os padres. A burguesia derrotou os mestres-escola. Pela primeira vez os camponeses fizeram esforços para se comportarem independentemente em face da atuação do governo. Isto se manifestava no conflito contínuo entre *os maires* e os prefeitos. A burguesia depôs os *maires*. Finalmente, durante o período da república parlamentar, os camponeses de diversas localidades levantaram-se contra sua própria obra, o exército. A burguesia castigou-os com estados de sítio e expedições punitivas. E essa mesma burguesia clama agora contra a estupidez das massas, contra a *ville multitude** que a traiu em favor de Bonaparte. Ela própria forçou a consolidação das simpatias do campesinato pelo Império e manteve as condições que originam essa religião camponesa. A burguesia, é bem verdade, deve forçosamente temer a estupidez das massas enquanto essas se mantêm conservadoras, assim como a sua clarividência, tão logo se tornam revolucionárias.

Nos levantes ocorridos depois do golpe de Estado parte dos camponeses franceses protestou de armas na mão con-

---

* *Ville multitude*: multidão vil, ignara. [N. de L.K.]

O DEZOITO DE BRUMÁRIO

tra o resultado de seu próprio voto em 10 de dezembro de 1848. A experiência adquirida desde aquela data abrira-lhes os olhos. Mas tinham entregado a alma às forças infernais da história; a história obrigou-os a manter a palavra empenhada, e a maioria estava ainda tão cheia de preconceitos que justamente nos Departamentos mais vermelhos a população camponesa votou abertamente em favor de Bonaparte. Em sua opinião a Assembleia Nacional impedira a marcha de Bonaparte. Este limitara-se agora a romper as cadeias que as cidades haviam imposto à vontade do campo. Em algumas localidades os camponeses chegaram a abrigar a ideia ridícula de uma Convenção lado a lado com Napoleão.

Depois que a primeira Revolução transformara os camponeses de semisservidão em proprietários livres, Napoleão confirmou e regulamentou as condições sob as quais podiam dedicar-se à exploração do solo francês que acabava de lhes ser distribuído e saciar sua ânsia juvenil de propriedade. Mas o que, agora, provoca a ruína do camponês francês é precisamente a própria pequena propriedade, a divisão da terra, a forma de propriedade que Napoleão consolidou na França; justamente as condições materiais que transformaram o camponês feudal em camponês proprietário, e Napoleão em imperador. Duas gerações bastaram para produzir o resultado inevitável: o arruinamento progressivo da agricultura, o endividamento progressivo do agricultor. A forma "napoleônica" de propriedade, que no princípio do século XIX constituía a condição para libertação e enriquecimento do camponês francês, desenvolveu-se no decorrer desse século na lei da

VII

sua escravização e pauperização. E esta, precisamente, é a primeira das *idées napoléoniennes* que o segundo Bonaparte tem que defender. Se ele ainda compartilha com os camponeses a ilusão de que a causa da ruína deve ser procurada, não na pequena propriedade em si, mas fora dela, na influência de circunstâncias secundárias, suas experiências arrebentarão como bolhas de sabão quando entrarem em contato com as relações de produção.

O desenvolvimento econômico da pequena propriedade modificou radicalmente a relação dos camponeses para com as demais classes da sociedade. Sob Napoleão a fragmentação da terra no interior suplementava a livre concorrência e o começo da grande indústria nas cidades. O campesinato era o protesto ubíquo contra a aristocracia dos senhores de terra que acabara de ser derrubada. As raízes que a pequena propriedade estabeleceu no solo francês privaram o feudalismo de qualquer meio de subsistência. Seus marcos formavam as fortificações naturais da burguesia contra qualquer ataque de surpresa por parte de seus antigos senhores. Mas no decorrer do século XIX, os senhores feudais foram substituídos pelos usurários urbanos; o imposto feudal referente à terra foi substituído pela hipoteca; a aristocrática propriedade territorial foi substituída pelo capital burguês. A pequena propriedade do camponês é agora o único pretexto que permite ao capitalista retirar lucros, juros e renda do solo, ao mesmo tempo que deixa ao próprio lavrador o cuidado de obter o próprio salário como puder. A dívida hipotecária que pesa sobre o solo francês impõe ao campesinato o pagamento de uma soma de

O DEZOITO DE BRUMÁRIO

juros equivalentes aos juros anuais do total da dívida nacional britânica. A pequena propriedade, nessa escravização ao capital a que seu desenvolvimento inevitavelmente conduz, transformou a massa da nação francesa em trogloditas. Dezesseis milhões de camponeses (inclusive mulheres e crianças) vivem em antros, a maioria dos quais só dispõe de uma abertura, outros, apenas duas, e os mais favorecidos, apenas três. E as janelas são para uma casa o que os cinco sentidos são para a cabeça. A ordem burguesa, que no princípio do século pôs o Estado para montar guarda sobre a recém-criada pequena propriedade e premiou-a com lauréis, tornou-se um vampiro que suga seu sangue e sua medula, atirando-o no caldeirão alquimista do capital. O *Code Napoléon* já não é mais do que um código de arrestos, vendas forçadas e leilões obrigatórios. Aos 4 milhões (inclusive crianças etc.), oficialmente reconhecidos, de mendigos, vagabundos, criminosos e prostitutas da França devem ser somados 5 milhões que pairam à margem da vida e que ou têm seu pouso no próprio campo ou, com seus molambos e seus filhos, constantemente abandonam o campo pelas cidades, e as cidades, pelo campo. Os interesses dos camponeses, portanto, já não estão mais, como ao tempo de Napoleão, em consonância, mas sim em oposição com os interesses da burguesia, do capital. Por isso os camponeses encontram seu aliado e dirigente natural no *proletariado urbano*, cuja tarefa é derrubar o regime burguês. Mas o governo *forte e absoluto* — e esta é a segunda *idée napoléonienne* que o segundo Napoleão tem que executar — é chamado a defender pela força essa ordem "material". Essa *ordre matériel* serve

VII

também de mote em todas as proclamações de Bonaparte contra os camponeses rebeldes.

Além da hipoteca que lhe é imposta pelo capital, a pequena propriedade está ainda sobrecarregada de *impostos*. *Os* impostos são a fonte de vida da burocracia, do exército, dos padres e da corte, em suma, de toda a máquina do Poder Executivo. Governo forte e impostos fortes são coisas idênticas. Por sua própria natureza a pequena propriedade forma uma base adequada a uma burguesia todo-poderosa e inumerável. Cria um nível uniforme de relações e de pessoas sobre toda a superfície do país. Daí permitir também a influência de uma pressão uniforme, exercida de um centro supremo, sobre todos os pontos dessa massa uniforme. Aniquila as gradações intermediárias da aristocracia entre a massa do povo e o poder do Estado. Provoca, portanto, de todos os lados, a ingerência direta desse poder do Estado e a interposição de seus órgãos imediatos. Finalmente, produz um excesso de desempregados para os quais não há lugar nem no campo nem nas cidades, e que tentam, portanto, obter postos governamentais como uma espécie de esmola respeitável, provocando a criação de postos do governo. Com os novos mercados que abriu a ponta de baioneta, com a pilhagem do continente, Napoleão devolveu com juros os impostos compulsórios. Esses impostos serviam de incentivo à laboriosidade dos camponeses, ao passo que agora privam seu trabalho de seus últimos recursos e completam sua incapacidade de resistir ao pauperismo. E uma vasta burguesia, bem engalanada e bem alimentada, é a *idée napóleonienne* mais do agrado do segundo Bonaparte. Como

O DEZOITO DE BRUMÁRIO

poderia ser de outra maneira, visto que ao lado das classes existentes na sociedade ele é forçado a criar uma casta artificial, para a qual a manutenção do seu regime se transforma em uma questão de subsistência? Uma das suas primeiras operações financeiras, portanto, foi elevar os salários dos funcionários ao nível anterior e criar novas sinecuras.

Outra *idée napoléonienne* é o domínio dos *padres* como instrumento de governo. Mas em sua harmonia com a sociedade, em sua dependência das forças naturais e em sua submissão à autoridade que a protegia de cima, a pequena propriedade recém-criada era naturalmente religiosa, a pequena propriedade arruinada pelas dívidas em franca divergência com a sociedade e com a autoridade e impelida para além de suas limitações torna-se naturalmente irreligiosa. O céu era um acréscimo bastante agradável à estreita faixa de terra recém--adquirida, tanto mais quanto dele dependiam as condições meteorológicas; mas se converte em insulto assim que se tenta impingi-lo como substituto da pequena propriedade. O padre aparece então como mero cão rastreador ungido da polícia terrena — outra *idée napoléonienne*. Da próxima vez a expedição contra Roma terá lugar na própria França, mas em sentido oposto ao do Sr. de Montalembert.

Finalmente, o ponto culminante das *idées napoléoniennes* é a preponderância do *exército*. O exército era o *point d'honneur** dos pequenos camponeses, eram eles próprios transformados em heróis, defendendo suas novas propriedades contra o mun-

---

* *Point d'honneur*: ponto de honra, orgulho. [N. de L.K.]

VII

do exterior, glorificando sua nacionalidade recém-adquirida, pilhando e revolucionando o mundo. A farda era seu manto de poder; a guerra, a sua poesia; a pequena propriedade, ampliada e a alargada na imaginação, a sua pátria, e o patriotismo, a forma ideal do sentimento da propriedade. Mas os inimigos contra os quais o camponês francês tem agora que defender sua propriedade não são os cossacos; são os *huissers*[*] e os agentes do fisco. A pequena propriedade não mais está abrangida no que se chama pátria, e sim no registro das hipotecas. O próprio exército já não é a flor da juventude camponesa; é a flor do pântano do *lumpemproletariado* camponês. Consiste em grande parte em *remplaçants*,[†] em substitutos, do mesmo modo por que o próprio Bonaparte é apenas um *remplaçant*, um substituto de Napoleão. Seus feitos heroicos consistem agora em caçar camponeses em massa, com antílopes, em servir de gendarme, e se as contradições internas de seu sistema expulsarem o chefe da Sociedade de 10 de Dezembro para fora das fronteiras da França, seu exército, depois de alguns atos de banditismo, colherá não louros, mas açoites.

Como vemos: todas as *idées napoléoniennes* são *ideias da pequena propriedade, incipiente, no frescor da juventude*, para a pequena propriedade na fase da velhice constituem um absurdo. Não passam de alucinações de sua agonia, palavras que são transformadas em frases, espíritos transformados em fantasmas. Mas a paródia do império era necessária para

---

[*] *Huissers*: Oficiais de justiça. [N. de L.K.]

[†] *Remplaçants*: aquele que, antigamente, na França e na Bélgica, substituía os jovens recrutados para o exército. [N. de L.K.]

O DEZOITO DE BRUMÁRIO

libertar a massa da nação francesa do peso da tradição e para desenvolver em forma pura a oposição entre o poder do Estado e a sociedade. Com a ruína progressiva da pequena propriedade desmorona-se a estrutura do Estado erigida sobre ela. A centralização do Estado, de que necessita a sociedade moderna, só surge das ruínas da máquina governamental burocrático-militar forjada em oposição ao feudalismo.*

A situação dos camponeses franceses nos fornece a resposta ao enigma das *eleições de 20 e 21 de dezembro*, que levaram o segundo Bonaparte ao topo do Monte Sinai, não para receber leis, mas para ditá-las.

Evidentemente a burguesia não tinha agora outro jeito senão eleger Bonaparte. Quando os puritanos, no Concílio de Constança, queixavam-se da vida dissoluta a que se entregavam os papas e se afligiam sobre a necessidade de uma reforma moral, o cardeal Pierre d'Ailly bradou-lhes com veemência: "Quando só o próprio demônio pode ainda salvar a Igreja Católica, vós apelais para os anjos." De maneira semelhante, depois do golpe ele Estado, a burguesia francesa gritava: Só o chefe da Sociedade de 10 de Dezembro pode salvar a sociedade

---

* Na edição de 1852 este parágrafo terminava com as seguintes linhas, que Marx omitiu na edição de 1869: "A demolição da máquina do Estado não colocará em perigo a centralização. A burocracia é apenas a forma baixa e brutal de uma centralização que ainda não se libertou de seu oposto, o feudalismo. Quando se desapontar da Restauração Napoleônica, o camponês francês abandonará a crença em sua pequena propriedade, toda a estrutura do Estado, erigida sobre essa pequena propriedade, ruirá por terra e a revolução proletária ganhará aquele coro sem o qual o seu solo se torna um canto de cisne em todos os países camponeses." [N. de L.K.]

VII

burguesa! Só o roubo, a propriedade; o perjúrio, a religião; a bastardia, a família; a desordem, a ordem!

Como autoridade executiva que se tornou um poder independente, Bonaparte considera sua missão salvaguardar "a ordem burguesa". Mas a força dessa ordem burguesa está na classe média. Ele se afirma, portanto, como representante da classe média, e promulga decretos nesse sentido. Não obstante, ele só é alguém devido ao fato de ter quebrado o poder político dessa classe média e de quebrá-lo novamente todos os dias. Consequentemente, afirma-se como o adversário do poder político e literário da classe média. Mas ao proteger seu poder material, gera novamente o seu poder político. A causa deve, portanto, ser mantida viva; o efeito, porém, onde se manifesta, tem que ser liquidado. Mas isso não pode se dar sem ligeiras confusões de causa e efeito, pois em sua mútua influência ambos perdem suas características distintivas. Daí, novos decretos que apagam a linha divisória. Diante da burguesia Bonaparte se considera ao mesmo tempo representante dos camponeses e do povo em geral, que deseja tornar as classes mais baixas do povo felizes dentro da estrutura da sociedade burguesa. Daí novos decretos que roubam de antemão aos "verdadeiros socialistas" sua arte de governar. Mas, acima de tudo, Bonaparte considera-se o chefe da Sociedade de 10 de Dezembro, representante do *lumpemproletariado* a que pertencem ele próprio, seu *entourage*,* seu governo e seu exército, e cujo interesse primordial é colher benefícios

---

* *Entourage*: os que o cercam. [N. de L.K.]

O DEZOITO DE BRUMÁRIO

e retirar prêmios da loteria da Califórnia do tesouro do Estado. E sustenta sua posição de chefe da Sociedade de 10 de Dezembro com decretos, sem decretos e apesar dos decretos.

Essa tarefa contraditória do homem explica as contradições do seu governo, esse confuso tatear que ora procura conquistar, ora humilhar, primeiro uma classe, depois outra, e alinha todas elas uniformemente contra ele — essa insegurança prática constitui um contraste altamente cômico com o estilo imperioso e categórico de seus decretos governamentais, estilo copiado fielmente do tio.

A indústria e o comércio, e, portanto, os negócios da classe média, deverão prosperar em estilo de estufa sob o governo forte. São feitas inúmeras concessões ferroviárias. Mas o *lumpemproletariado* bonapartista tem que enriquecer. Os iniciados fazem *tripotage** na Bolsa com as concessões ferroviárias. Obriga-se ao Banco a conceder adiantamentos contra ações ferroviárias. Mas o Banco tem ao mesmo tempo que ser explorado para fins pessoais, e tem, portanto, que ser bajulado. Dispensa-se o Banco da obrigação de publicar relatórios semanais. Acordo leonino do Banco com o governo. É preciso dar trabalho ao povo. Obras públicas são iniciadas. Mas as obras públicas aumentam os encargos do povo no que diz respeito a impostos. Reduzem-se, portanto, as taxas mediante um massacre sobre os *rentiers*,† mediante a conversão de títulos de 5% em títulos de 4,5%. Mas a classe

---

* *Tripotage*: trapaça. [N. de L.K.]

† *Rentiers*: os que vivem de rendas. [N. de L.K.]

VII

média tem mais uma vez que receber um *douceur*.* Duplica-se, portanto, o imposto do vinho para o povo, que o adquire *en detail*, e reduz-se à metade o imposto do vinho para a classe média, que o bebe *en gros*.† As uniões operárias existentes são dissolvidas, mas prometem-se milagres de união para o futuro. Os camponeses têm que ser auxiliados. Bancos hipotecários que facilitam o seu endividamento e aceleram a concentração da propriedade. Mas esses bancos devem ser utilizados para tirar dinheiro das propriedades confiscadas à Casa de Orléans. Nenhum capitalista que concordar com essa condição, que não consta do decreto, e o Banco hipotecário fica reduzido a um mero decreto etc. etc.

Bonaparte gostaria de aparecer como o benfeitor patriarcal de todas as classes. Mas não pode dar a uma classe sem tirar de outra. Assim como no tempo da Fronda dizia-se do duque de Guise que ele era o homem mais *obligeant*‡ da França porque convertera todas as suas propriedades em compromissos de seus partidários para com ele, Bonaparte queria passar como o homem mais *obligeant* da França e transformar toda a propriedade, todo o trabalho da França em obrigação pessoal para com ele. Gostaria de roubar a França inteira a fim poder entregá-la de presente à França, ou melhor, a fim de poder comprar novamente a França com dinheiro francês, pois como chefe da Sociedade de 10 de Dezembro tem que comprar o que devia pertencer-lhe.

---

* *Douceur*: propina. [N. de L.K.]
† *En détail*: a varejo; *en gros*: por atacado. [N. de L.K.]
‡ *Obligeant*: obsequioso. [N. de L.K.]

O DEZOITO DE BRUMÁRIO

E todas as instituições do Estado, o Senado, o Conselho de Estado, o Legislativo, a Legião de Honra, as medalhas dos soldados, os banheiros públicos, os serviços de utilidade pública, as estradas de ferro, o *état major** da Guarda Nacional com exceção das praças, e as propriedades confiscadas à Casa de Orléans, tudo se torna parte da instituição do suborno. Todo posto do exército ou na máquina do Estado converte-se em meio de suborno. Mas a característica mais importante desse processo, pelo qual a França é tomada para que lhe possa ser entregue novamente, são as porcentagens que vão ter aos bolsos do chefe e dos membros da Sociedade de 10 de Dezembro durante a transação. O epigrama com o qual a condessa L., amante do Sr. de Morny, caracterizou o confisco das propriedades da Casa de Orléans (*Cest le premier vol,*† *de l'aigle*) pode ser aplicado a todos os voos desta *águia,* que mais se assemelha a um *abutre.* Tanto ele como seus adeptos gritam diariamente uns para os outros, como aquele cartuxo italiano que admoestava o avarento que, com ostentação, contava os bens que ainda poderiam sustentá-lo por muitos anos: *Tu fai conto sopra i beni, bisogna prima far il conto sopra gli anni.*‡ Temendo se enganarem no cômputo dos anos, contam os minutos. Um bando de patifes abre caminho para si na corte, nos ministérios, nos altos postos do governo e do exército,

---

* *État major*: estado-maior. [N. de L.K.]

† *Vol* significa ao mesmo tempo voo e furto. [Nota de Karl Marx] *Cest le premier vol, de l'aigle*: "É o primeiro voo (furto) da águia." [N. de L.K.]

‡ *Tu fai conto sopra i beni, bisogna prima far il conto sopra gli anni*: "Contas teus bens, deverias antes contar teus anos." [N. de K.M.]

VII

uma malta cujos melhores elementos, é preciso que se diga, ninguém sabe de onde vieram, uma *bobème* barulhenta, desmoralizada e rapace, que se enfia nas túnicas guarnecidas de alamares com a mesma dignidade grotesca dos altos dignitários de Soulouque. Pode-se fazer uma ideia perfeita dessa alta camada da Sociedade de 10 de Dezembro quando se reflete que *Véron-Crevel** é o seu moralista e *Granier de Cassagnac*, o seu pensador. Quando Guizot, durante o seu ministério, utilizou-se desse Granier em um jornaleco dirigido contra a oposição dinástica, costumava exaltá-lo com esta tirada: *C'est le roi des drôles, "é o rei* dos palhaços". Seria injusto recordar a Regência ou Luís XV com referência à corte de Luís Bonaparte ou a sua camarilha. Pois "a França já tem passado com frequência por um governo de favoritas, mas nunca antes por um governo de *hommes entretenus*".[†]

Impelido pelas exigências contraditórias de sua situação e estando ao mesmo tempo, como um prestidigitador, ante a necessidade de manter os olhares do público fixados sobre ele como substituto de Napoleão por meio de surpresas constantes, isto é, ao executar diariamente um golpe de Estado em miniatura, Bonaparte confunde toda a economia burguesa, viola tudo que parecia inviolável à Revolução de 1848, torna alguns tolerantes em face da revolução, outros desejosos de revolução, e produz uma verdadeira anarquia em nome da

---

* Em sua obra *La Cousine Bette* [A prima Bette], Balzac pinta o filisteu parisiense mais dissoluto na figura de Crevel, personagem inspirado no Dr. Véron, proprietário do Constitutionnel. [N. de K.M.]

† As palavras citadas são de Madame Girardin. [N. de K.M.]

O DEZOITO DE BRUMÁRIO

ordem, ao mesmo tempo que tira a auréola de toda a máquina do Estado, profana-a e a torna ao mesmo tempo desprezível e ridícula. Ele repete o culto do Manto Sagrado de Trier[*] em Paris no culto do manto imperial de napoleônico. Mas quando o manto imperial cair finalmente sobre os ombros de Luís Bonaparte, a estátua de bronze de Napoleão ruirá do topo da Coluna Vendôme.[†]

K. Marx.
Escrito entre dezembro de 1851 e março de 1852.

---

[*] Uma das relíquias "sagradas" ("O manto sagrado de Treves") exibida na Catedral de Treves em 1844, pelo clero católico reacionário. [N. de L.K.]

[†] Coluna na praça Vendôme erguida para comemorar as vitórias do exército em 1805. Luís Bonaparte, ou seja, Napoleão III, substituiu a estátua de Napoleão I por uma versão com trajes mais imponentes. A Comuna de Paris derrubou a coluna em 1871. Marx faz referência a essa frase final no prefácio incluído nesta edição. [N. de S.F.]

Apêndices

CRONOLOGIA DE EVENTOS

1769

15 de agosto de 1769 — Nasce Napoleão Bonaparte em Ajácio, na Córsega.

1789

14 de julho de 1789 — Tomada da Bastilha, um dos marcos mais importantes do início da Revolução Francesa.

1792

10 de agosto de 1792 — Revolucionários armados ocupam o Palácio das Tulherias, residência da família real. A ação é considerada definitiva para o fim oficial da monarquia no mês seguinte.

17 de agosto de 1792 — É estabelecido o Tribunal Revolucionário provisório.

20 de setembro de 1792 — A Convenção Nacional, eleita por sufrágio universal masculino, é estabelecida como novo regime a governar a França.

21 de setembro de 1792 — É oficialmente proclamada a Primeira República Francesa, dando fim à monarquia.

O DEZOITO DE BRUMÁRIO

1793

21 de janeiro de 1793 — Luís XVI é executado na guilhotina.

24 de junho de 1793 — É adotada a segunda constituição do período revolucionário, redigida pela Convenção Nacional.

10 de outubro de 1793 — A Convenção Nacional declara o governo "revolucionário até a paz", em estado de exceção acima da nova constituição.

1794

27 de julho de 1794 — Ocorre o golpe de "9 de termidor" que leva à ordem de prisão de Maximilien Robespierre e aliados. É dado início à chamada Reação Termidoriana, que é marcada pela repressão da esquerda, como a dissolução do Clube Jacobino.

28 de julho de 1794 — Maximilien Robespierre é condenado à morte pelo Tribunal Revolucionário e executado na guilhotina.

1795

31 de maio de 1795 — O Tribunal Revolucionário é suprimido.

26 de outubro de 1795 — Inicia-se o regime do Diretório Francês, de orientação burguesa e de republicanos moderados, após a Reação Termidoriana burguesa da Convenção Nacional.

1799

18 de junho de 1799 — Ocorre golpe dentro da disputa dos conselhos legislativos do Diretório, favorecendo Emmanuel-Joseph Sieyès no governo.

CRONOLOGIA DE EVENTOS

9 de novembro de 1799 — Golpe de Napoleão Bonaparte. A data corresponde ao 18 de brumário no Calendário Revolucionário.

10 de novembro de 1799 — O Diretório Francês é dissolvido, dando início ao regime do Consulado Francês, com Napoleão Bonaparte na posição de Primeiro Cônsul.

24 de dezembro de 1799 — Uma nova constituição é adotada.

1804

18 de maio de 1804 — É instituído o Primeiro Império Francês e o título de imperador é concedido a Napoleão Bonaparte pelo Senado.

2 de dezembro de 1804 — Napoleão I se coroa imperador.

1808

20 de abril de 1808 — Nasce Charles-Louis Napoléon Bonaparte, ou Luís Bonaparte, em Paris.

1814

6 de abril de 1814 — Napoleão I abdica o trono.

11 de abril de 1814 — O Tratado de Fontainebleau é firmado, reconhecendo a abdicação de Napoleão Bonaparte, que é exilado na ilha de Elba. Luís XVIII, da casa real de Bourbon, é convidado a assumir o trono.

1815

26 de fevereiro de 1815 — Napoleão I escapa do exílio para retornar à França em 1º de março.

O DEZOITO DE BRUMÁRIO

13 de março de 1815 — O Congresso de Viena declara Napoleão inimigo e se inicia a Guerra da Sétima Coalizão.

19 de março de 1815 — Luís XVIII foge da França após avanços de Napoleão I.

18 de junho de 1815 — Napoleão I é derrotado na Batalha de Waterloo.

22 de junho de 1815 — Abdicação final de Napoleão I.

8 de julho de 1815 — Luís XVIII é restaurado ao trono.

15 de julho de 1815 — Napoleão I se entrega e é levado ao exílio na ilha de Santa Helena, território ultramarino do Reino Unido, onde morrerá sob encarceramento em 1821.

1830

27 de julho de 1830 — Se inicia a Revolução de Julho, a qual derruba Carlos X da casa real de Bourbon.

9 de agosto de 1830 — Luís Felipe I, da casa real de Orléans, é proclamado rei da França pela Assembleia Nacional, dando início à "Monarquia de Julho".

1848

22 de fevereiro de 1848 — Grandes protestos tomam conta de Paris e se inicia a Revolução de Fevereiro.

24 de fevereiro de 1848 — Luís Felipe I da França abdica do trono em meio à Revolução de Fevereiro.

25 de fevereiro de 1848 — É proclamada a Segunda República Francesa sob o Governo Provisional. Criação dos *ateliers* nacionais.

CRONOLOGIA DE EVENTOS

16 de abril de 1848 — Manifestação pacífica voltada a entregar petição sobre a organização do trabalho é detida pela Guarda Nacional.

23–24 de abril de 1848 — Eleições da Assembleia Constituinte.

4 de maio de 1848 — Início da legislatura da Assembleia Constituinte.

15 de maio de 1848 — Manifestação popular ocupa a Assembleia Constituinte, mas é posteriormente reprimida, resultando da detenção de vários líderes (incluindo Blanqui e Barbes).

22–26 de junho de 1848 — Insurreição de Junho.

4 de novembro de 1848 — Uma nova constituição é adotada.

10–11 de dezembro de 1848 — Eleições presidenciais na França.

20 de dezembro de 1848 — Proclamação da presidência de Luís Bonaparte.

1849

29 de janeiro de 1849 — Luís Bonaparte não reconhece a Segunda República Romana e monarquistas ameaçam a Assembleia Nacional Constituinte com demonstração de força militar do Partido da Ordem. É definida a eleição de uma nova assembleia, agora legislativa, meses depois.

8 de maio de 1849 — A Assembleia Constituinte desaprova a expedição militar a Roma.

28 de maio de 1849 — Com a Assembleia Constituinte dissolvida, se inicia a Assembleia Nacional Legislativa eleita em 13–14 de maio.

O DEZOITO DE BRUMÁRIO

11 de junho de 1849 — Alexandre Auguste Ledru-Rollin, liderança do partido da Montanha, apresenta projeto de *impeachment* contra Bonaparte.

12 de junho de 1849 — A Assembleia Nacional rejeita o pedido de *impeachment*.

13 de junho de 1849 — A Montanha denuncia as ações militares francesas em Roma como inconstitucionais e convoca protesto pacífico, o qual é dispersado pelo governo. Inicia--se um processo de repressão e supressão da Montanha na Assembleia Nacional.

31 de outubro de 1849 — Luís Bonaparte obriga Barrot e seus ministros a renunciar e forma o novo gabinete ministerial, de Alphonse Henri d'Hautpoul.

1850

31 de maio de 1850 — A nova lei eleitoral da Assembleia Nacional restringe o sufrágio universal masculino. Luís Bonaparte se apresenta contrário à lei.

1851

12 de janeiro de 1851 — Luís Bonaparte nomeia novo ministério.

18 de janeiro de 1851 — Moção de censura (ou moção de desconfiança) na Assembleia Nacional ao ministério.

3 de fevereiro de 1851 — A Assembleia Nacional recusa a proposta de conceder 1,8 milhão de francos ao presidente.

19 de julho de 1851 — Luís Bonaparte não consegue os votos necessários na Assembleia para permitir sua candidatura à reeleição.

CRONOLOGIA DE EVENTOS

2 de dezembro de 1851 — No aniversário da coroação de Napoleão I (1804), Luís Bonaparte executa seu golpe de Estado.

4–10 de dezembro de 1851 — Insurreição em Paris e outros locais na França.

20–21 de dezembro de 1851 — Referendo nacional para decidir sobre a manutenção de Luís Bonaparte no poder e autorização para que estabeleça uma nova constituição.

31 de dezembro de 1851 — Luís Bonaparte é declarado vitorioso nas urnas.

1852

1º de janeiro de 1852 — Luís Bonaparte se muda para o Palácio das Tulherias.

14 de janeiro de 1852 — A nova constituição é promulgada e dá mais poderes ao presidente.

29 de fevereiro de 1852 — Eleição de nova Assembleia Nacional.

9 de maio de 1852 — Data em que o primeiro mandato de Luís Bonaparte teria findado (Marx se refere à data no texto como "segundo domingo de maio de 1852").

7 de novembro de 1852 — O Senado propõe a volta do Império.

21–22 de novembro de 1852 — Referendo nacional sobre tornar Luís Bonaparte imperador ou não.

2 de dezembro de 1852 — Luís Bonaparte é proclamado imperador Napoleão III, dando início ao Segundo Império Francês.

O DEZOITO DE BRUMÁRIO

1853

5 de julho de 1853 — São descobertos planos de um ataque terrorista contra Napoleão III.

1858

14 de janeiro de 1858 — Há outra tentativa de assassinato contra Napoleão III.

19 de fevereiro de 1858 — Lei de segurança geral permite repressão a pessoas previamente condenadas por participarem dos atos de maio e junho de 1848, junho de 1849 ou dezembro de 1851.

1870

4 de setembro de 1870 — Deposição de Napoleão III e sua dinastia e início da Terceira República.

1871

1º de março de 1871 — A recém-formada Assembleia declara oficialmente o fim do império de Napoleão III.

18 de março–28 de maio de 1871 — Comuna de Paris.

1873

9 de janeiro de 1873 — Morre Napoleão III.

BIOGRAFIAS DOS PRINCIPAIS PERSONAGENS CITADOS

ALAIS — Agente de Polícia que denunciou ao comissário da Assembleia Nacional a conspiração tramada no seio da Sociedade 10 de Dezembro contra o general Changarnier e o presidente da Assembleia, Dupin.

BARAGUEY d'Hilliers, conde de (1795–1878) — Militar de carreira, foi deputado pelo Doubs em 1848 e 1849 e um dos dirigentes do Partido da Ordem. Ligou-se ao príncipe-presidente Luís Napoleão Bonaparte e tomou parte no golpe de Estado de 2 de dezembro. Como recompensa, foi promovido a marechal e nomeado senador.

BAROCHE (1802–1870) — Advogado, deputado por Rochefort em 1847, procurador-geral na Alta Corte de Bourges, na qual representou contra os promotores das jornadas de 15 de maio de 1848 e 13 de junho de 1849. Ligado ao príncipe-presidente Bonaparte, foi, em 1850, ministro do Interior no gabinete d'Hautpoul. Após o golpe de Estado de 2 de dezembro, tornou-se presidente do Conselho de Estado, no posto de ministro.

BARROT, Odilon (1791–1873) — Chefe da oposição dinástica, ou seja, da esquerda moderada, sob a Monarquia de Julho. Foi o promotor, em 1847, da campanha de banquetes, que logo ultrapassou suas previsões. Sua posição na Assembleia Constituinte e na Legislativa era entre os orleanistas. Presidente do primeiro ministério nomeado pelo príncipe-presidente Luís Bonaparte (20/12/1848 a 1/11/1849) e

O DEZOITO DE BRUMÁRIO

ministro da Justiça, pôs em prática uma política reacionária, restringindo a liberdade de imprensa e de reunião, fechando clubes e impondo a expedição a Roma.* Renomado por suas opiniões monarquistas, separou-se em seguida do príncipe-presidente e retirou-se da política após o golpe de Estado e até a queda do Império.

BAZE, Jean Didier (1800–1881) — Advogado e político. Durante a Monarquia de Julho fez parte da oposição dinástica, sendo membro, orleanista, da Assembleia Constituinte e Legislativa. Como questor da Assembleia Legislativa, foi um dos autores da célebre "proposição dos questores", preconizando a atribuição à Assembleia do direito de dispor da força armada. No dia seguinte ao do golpe de Estado Baze foi expulso da França.

BEDEAU, Marie-Alphonse (1804–1863) — General e político. Foi governador-geral da Argélia, deputado e vice-presidente da Assembleia Legislativa e da Constituinte. Um dia após o golpe de Estado de Luís Bonaparte foi detido e expulso do país.

BENOIT D'AZY, Denis (1796–1880) — Financista e político, partidário dos Bourbons.

Nota: Como o nome de Luís Bonaparte aparece com grande frequência e seu papel é explicado no próprio texto, ele não foi incluído neste índice.

BERRIER, Pierre-Antoine (1790–1868) — Advogado e político. Foi, durante a Monarquia de Julho, o porta-voz dos legitimistas. Deputado à Assembleia Constituinte em 1848, sustentou nela que o direito divino dos reis não deve ser submetido ao sufrágio universal. Permaneceu fiel ao princípio da legitimidade até a morte.

---

* A França, que se havia envolvido nas lutas pela independência da Itália, através de uma aliança de Luís Napoleão (já então Napoleão III) com os nacionalistas italianos em 1858, em breve abandonou os partidários da unificação política da península e mandou uma expedição militar a Roma, a fim de proteger os domínios papais contra o movimento unificador. [N. de L.K.]

BIOGRAFIAS DOS PRINCIPAIS PERSONAGENS CITADOS

BILLAULT, Auguste-Adolphe (1805–1863) — Advogado, membro da Assembleia Constituinte, partidário de Luís Bonaparte. No dia seguinte ao golpe de Estado foi nomeado presidente da Assembleia Legislativa.

BLANC, Louis (1811–1882) — Publicista, político e teórico socialista. Publicou, em 1840, uma brochura intitulada *A organização do trabalho*, de grande repercussão nos meios operários. Em 1841, publicou sua *História de dez anos* (1830–1840); em 1847, sua *História da Revolução*. Rejeitando o princípio da luta de classes, julgava poder realizar a transformação da sociedade capitalista em socialista por meios pacíficos, graças à organização de estabelecimentos nacionais de trabalho, mantidos pelo Estado. Membro do governo provisório em 1848 e presidente da Comissão do Luxemburgo, encarregada de melhorar as condições de vida dos operários. Foi obrigado a exilar-se após a manifestação de 15 de maio e as jornadas de junho de 1848, apenas retornando à França em 1870. Opôs-se à Comuna de Paris e manteve-se, até a morte, afastado do movimento socialista.

BLANQUI, Auguste (1805–1881) — Um dos maiores revolucionários franceses do século XIX, pela firmeza do pensamento e pela sua energia. Suas concepções revolucionárias foram fortemente influenciadas pelas do movimento de Babeuf. Dos primeiros a aderir ao carbonarismo, combateu com denodo a Monarquia de Julho. Após a insurreição de 1839, foi condenado à morte, sendo depois a pena comutada para prisão perpétua; a Revolução de Fevereiro de 1848 o libertou. De volta ao movimento revolucionário, tão logo liberto, funda um clube e tenta organizar a classe operária. Sua participação na jornada de 15 de maio de 1848 o leva a ser de novo condenado, a 10 anos de prisão. Em 14 de agosto de 1870, tentou derrubar o governo de Napoleão III; em 30 de outubro faz tentativa semelhante com o governo de defesa nacional. Essa última tentativa provocou nova condenação, à prisão perpétua; não pôde, assim, tomar parte na Comuna de Paris. Blanqui via na ditadura da vanguarda revolucionária o único meio de estabelecer o regime socialista.

O DEZOITO DE BRUMÁRIO

Boissy D'anglas, Jean-Gabriel, conde de (1782–1864) — Filho do célebre presidente da Convenção Nacional. Serviu na intendência. Foi deputado e secretário da Câmara dos Deputados durante a Monarquia de Julho. Na II República, foi eleito nas eleições complementares à Assembleia Legislativa, um dia após o golpe de Estado de Luís Bonaparte, como candidato do governo.

Broglie, Achille-Charles, duque de (1785–1870) — Político da época da Restauração e da Monarquia de Julho. Partidário de Guizot. Após a Revolução de Fevereiro de 1848 foi eleito para a Assembleia Legislativa, onde se ligou aos orleanistas. Interveio ativamente em favor de uma revisão da Constituição. Retirou-se da política após o golpe de Estado.

Carlier, Pierre (1799–1858) — Chefe de Polícia de Paris na presidência Luís Bonaparte.

Cassagnac, Adolphe-Granier de (1806–1880) — Escritor, historiador e romancista. Sob a Monarquia de Julho, foi partidário da dinastia de Orléans. Após a Revolução de Fevereiro de 1848, tornou-se bonapartista extremado, dando apoio a Luís Napoleão, por sua atividade literária, durante a presidência e, mais tarde, o Império. Membro do corpo legislativo. Célebre por sua polêmica isenta de escrúpulos.

Caussidière, Marc (1808–1861) — Empregado em Saint-Étienne, tomou parte na insurreição lionesa de 1834, sendo condenado a 20 anos de trabalhos forçados e depois anistiado, em 1837. Participou de todas as conspirações republicanas. Em fevereiro de 1848, após ter combatido nas barricadas, tomou posse da chefia de Polícia, onde se manteve. Acusado depois do 15 de Maio, perseguido após as jornadas de junho de 1848, teve que recorrer ao exílio. Só voltou à França pouco antes de falecer.

Cavaignac, Eugène-Louis (1802–1857) — General e político, filho mais jovem do célebre republicano Godefroy Cavaignac. Distinguiu-se durante seu serviço militar na Argélia, para onde foi nomeado governador pelo governo provisório. Foi membro da Assembleia Constituinte e

BIOGRAFIAS DOS PRINCIPAIS PERSONAGENS CITADOS

da Legislativa e um dos chefes do partido republicano burguês, do partido dos republicanos "puros". Ministro da Guerra, recebeu, durante as jornadas de junho de 1848, poderes ditatoriais para reprimir a insurreição, usando-os com a maior brutalidade. Após ter entregado seus plenos poderes, foi nomeado presidente do Conselho e chefe do Poder Executivo. Nas eleições presidenciais, contudo, apenas obteve 1.448.107 votos, ao passo que Luís Napoleão obteve três vezes mais. Na noite de 2 de dezembro de 1851 foi detido, mas logo posto em liberdade. Cavaignac foi eleito duas vezes deputado por Paris, mas em ambas recusou-se a prestar juramento de fidelidade ao novo regime.

CHAMBORD, Henri-Charles d'Artois, duque de Bordeaux, conde de (1820–1883) — Filho do conde de Berry, neto de Carlos X. Após as jornadas de julho de 1830, Carlos X renunciou ao trono em seu favor, levando-o a reivindicar o trono da França, sob o título de Henrique V. Durante a II República, viveu em Ems. Com sua morte, extinguiu-se a Casa dos Bourbons.

CHANGARNIER, general (1793–1877) — Governador-geral da Argélia em 1848, eleito a seguir para a Assembleia Constituinte e nomeado comandante das tropas de Paris. Ligou-se aos monarquistas. Adversário de Luís Napoleão, foi destituído de suas funções, detido em 2 de dezembro de 1851 e depois exilado. Em 1875, votou contra o estabelecimento da república, o que não impediu que fosse nomeado senador inamovível.

CHARRAS, Jean-Baptiste (1810–1865) — Coronel e escritor militar. Autor de um livro intitulado *A Batalha de Waterloo*. Membro da Assembleia Constituinte e da Legislativa. Republicano moderado. Detido e exilado durante o golpe de Estado de 2 de dezembro.

CRETON, Nicolas (1794–1864) — Advogado e político. Membro da oposição dinástica durante a Monarquia de Julho. Mais tarde, foi membro da Assembleia Constituinte e da Legislativa, orleanista. Propôs, em diversas ocasiões, a retirada do decreto sobre o banimento dos membros da casa real.

O DEZOITO DE BRUMÁRIO

CROMWELL, Oliver (1599–1658) — Célebre político inglês. "Lorde protetor" da república. Durante a guerra civil inglesa de 1648, revelou-se comandante e organizador de grandes méritos. Um conflito entre o Parlamento (que se mantinha havia 12 anos, o que lhe valeu a denominação de Parlamento Longo) e o Exército, que pedia novas eleições, deu oportunidade a Cromwell para, à frente de um destacamento de soldados, dispersar o Parlamento e o Conselho de Estado. Com esse golpe de Estado, tornou-se ditador, recebendo o seu título de "lorde protetor" (1653–1658).

DEFLIOTTE: ver FLOTTE

DUCHATEL, Charles, conde de — Político da Monarquia de Julho. Ministro do Interior no início da Revolução de Fevereiro de 1848.

DUPIN, André (1783–1865) — Magistrado e político. Eleito deputado em 1827, uniu-se aos liberais e desempenhou um papel importante após a revolução de 1830. Presidente da Câmara de 1832 a 1837. Luís Filipe o tinha por conselheiro direto. Após 1848, abandonou a família de Orléans, foi presidente da Assembleia Legislativa e se aproximou de Luís Bonaparte.

DUPRAT, Pierre-Pascal (1815–1885) — Político. Membro da Assembleia Constituinte e da Legislativa. Foi por proposição sua que se proclamou o estado de sítio em Paris no dia 24 de junho de 1848 e que Cavaignac foi nomeado ditador. Adversário resoluto de Luís Napoleão. Foi detido na noite do golpe de Estado de 2 de dezembro de 1851 e exilado.

FALLOUX, conde de (1811–1886) — Legitimista e clerical, eleito deputado em 1846 e para a Assembleia Constituinte em 1848. Em maio de 1848, foi nomeado relator na questão dos estabelecimentos nacionais de trabalho e pronunciou-se pela sua supressão, tendo em vista a eliminação do movimento operário. Ministro da Instrução Pública e dos Cultos no gabinete Odilon Barrot, fez votar em 1850 a "lei Falloux", que entregava a instrução pública aos clericais, sob o pretexto da liberdade de ensino. Retirou-se da vida política após o

BIOGRAFIAS DOS PRINCIPAIS PERSONAGENS CITADOS

golpe de Estado de 2 de dezembro, retornando em 1871, nos quadros do partido monarquista.

FAUCHER, Léon (1803–1854) — Membro da Assembleia Constituinte, ministro dos Trabalhos Públicos em 1848, ministro do Interior em 1851, retirou-se da vida política após o golpe de 2 de dezembro de 1851, para consagrar-se aos seus trabalhos de economia política. Contribuiu para a fundação do Crédito Fundiário.

FLOTTE, Paul-Louis de (1817–1860) — Serviu na Marinha e empreendeu várias expedições científicas. Partidário de Fourier. Após a Revolução de Fevereiro de 1848 foi um dos oradores mais influentes do clube blanquista, participando das escaramuças de 15 de maio e da insurreição de junho de 1848. Em março de 1850 sua candidatura foi proposta pelos socialistas para a Assembleia Legislativa, com o apoio dos democratas, como sinal da fusão das duas frações. Após o golpe de Estado de 2 de dezembro, foi expulso da França. Flotte participou também do movimento de libertação italiana dirigido por Garibaldi.

FOULD, Achille (1800–1867) — Financista e político. Diretor do banco parisiense Fould-Oppenheim. Deputado à Assembleia Constituinte em 1848 e ministro das Finanças do príncipe-presidente Luís Napoleão Bonaparte. Retomou a pasta das Finanças após o golpe de Estado de 2 de dezembro e, mais uma vez, de 1862 a 1867.

GIRARDIN, Émile de (1806–1881) — Publicista e político, revolucionou o jornalismo ao fundar, em 1836, *La Presse*, que se tornou o primeiro jornal político de sucesso comercial, graças à publicidade e aos anúncios. Após ter apoiado Luís Bonaparte, passou a combatê-lo na Assembleia Legislativa. Foi expulso do país após o golpe de Estado, mas em breve aderiu ao II Império e retornou a Paris. Desprovido de convicções políticas, Girardin foi antes de tudo um homem de negócios astuto e pouco escrupuloso.

GIRAUD, Charles (1802–1882) — Historiador, jurista e político. Ministro da Instrução Pública em 1851.

O DEZOITO DE BRUMÁRIO

GUIZZOT, François (1784–1882) — Historiador e estadista. Foi professor da Sorbonne durante o Império e, sob a Restauração, aderiu ao partido doutrinário, que preconizava a aplicação estrita da Carta de 1814. Eleito deputado em 1830, protestou contra as ordenações de julho de 1830. Sob a Monarquia de Julho, evoluiu para um conservantismo cada vez mais estreito. Foi, sucessivamente, ministro do Interior, da Instrução Pública, embaixador em Londres e, a partir de 1849, membro do ministério Soult; de 1840 a 1848, dirigiu a política interior e exterior da França. Repeliu toda reforma, tanto parlamentar quanto eleitoral. Encarnou a política da grande burguesia conservadora, à qual lançou como palavra de ordem: "Enriquecei-vos." Foi a recusa oposta por Guizot às reivindicações liberais que ensejou a revolução de 1848. Retirado da política, Guizot consagrou-se de novo aos estudos históricos, terminando a sua *História da Revolução Inglesa*, que permaneceu como o essencial de sua obra de historiador.

HAUTPOUL, conde de (1789–1865) — Alphonse Henri, general e político. Eleito deputado à Assembleia Legislativa em 1849, ocupou posição na direita. Foi ministro da Guerra. Aderiu ao II Império, do qual foi um dos dignitários.

HENRIQUE V: ver CHAMBORD

HUGO, Victor (1802–1885) — Famoso escritor, poeta, romancista e teatrólogo. Membro da Assembleia Constituinte e da Legislativa, Hugo era adversário de Luís Bonaparte. Participou das barricadas que seguiram o golpe de 2 de dezembro, tendo depois que se exilar até 1870.

JOINVILLE, príncipe de (1818–1900) — Terceiro filho de Luís Filipe. Almirante. Após a Revolução de 1848 deixou o país, permanecendo principalmente na Inglaterra.

LAHITTE, Ducos, visconde de (1789–1900) — General, foi ministro da Guerra, na presidência de Luís Napoleão Bonaparte, de novembro de 1849 a janeiro de 1850. Foi senador no II Império.

LAMARTINE, Marie-Louis-Alphonse de Prat de (1790–1869) — Famoso escritor. Foi membro da Câmara dos Deputados sob a monarquia de

BIOGRAFIAS DOS PRINCIPAIS PERSONAGENS CITADOS

julho, intitulando-se por vezes conservador independente, por vezes progressista. Durante as jornadas de fevereiro de 1848, pronunciou-se contra a regência da duquesa de Orléans e pediu a constituição de um governo provisório, do qual fez parte e no qual tentou desempenhar o papel de mediador, perdendo em breve a popularidade. Após o golpe de 2 de dezembro, abandonou a política.

LAMORICIÈRE, Christophe-Léon Juchault de (1806–1865) — General e político. Começou sua carreira militar na Argélia e no Marrocos. Após sua eleição à Câmara dos Deputados, em 1846, aderiu ao grupo da oposição dinástica. Membro da Assembleia Constituinte e da Legislativa, onde se ligou ao grupo dos republicanos burgueses durante as jornadas de junho, tomou parte, sob o comando de Cavaignac, na repressão da insurreição operária. Ministro da Guerra no gabinete Cavaignac, de 18 de junho a 20 de dezembro de 1848. Adversário de Luís Napoleão, votou contra a revisão da Constituição. Foi detido durante a noite do golpe de Estado e exilado. Em 1860, comandou as tropas do papa contra o Piemonte, sendo batido e aprisionado.

LA ROCHEIJAQUELEIN, marquês de (1805–1867) — Eleito deputado em 1842, tornou-se um dos chefes do partido legitimista, ao qual o vinculavam seus bens de família. Após a Revolução de 1848, ligou-se à república. Foi deputado à Assembleia Constituinte, depois à Legislativa. Protestou contra o golpe de Estado de 2 de dezembro de 1851. Aderiu mais tarde ao Império e tornou-se senador.

LEDRU-ROLIN, Alexandre (1807–1874) — Deputado em 1841, desempenhou um papel importante à frente do partido republicano democrata. Em 1843, foi um dos fundadores do jornal *A Reforma*, de tendências socializantes. Distinguiu-se na campanha dos banquetes políticos e, depois, na Revolução de Fevereiro de 1848. Foi ministro do Interior do governo provisório, onde deu mostras de veleidades democráticas. Deputado à Assembleia Constituinte e membro da comissão executiva, assumiu, com Lamartine, a direção da repressão contra os manifestantes de 15 de maio. As jornadas de junho o levaram

O DEZOITO DE BRUMÁRIO

de novo à oposição. Deputado à Assembleia Legislativa, tornou-se chefe da Montanha, partido da pequena burguesia de tendências democráticas. Após a insurreição frustrada de 13 de junho de 1849, exilou-se na Inglaterra, de onde só retornou em 1870.

LEFLO, Adolphe-Charles (1804–1888) — General, diplomata, membro da Assembleia Constituinte e da Legislativa, da qual foi um dos questores. Adversário resoluto de Luís Napoleão, foi detido durante o golpe de Estado e expulso da França.

LOCKE, John (1632–1704) — Filósofo e autor político inglês. Seus *Tratados sobre o governo* visam à fundamentação dos princípio tornados aplicáveis pela Revolução Burguesa de 1688 na Inglaterra. Com sua doutrina da soberania popular, fundada no contrato livre entre os cidadãos; da autoridade não absoluta mas condicional, portanto revogável, pelo povo, dos governantes civis; da preservação dos *direitos naturais* do homem, entre os quais se destacam os da propriedade e da liberdade pessoal, Locke tornou-se porta-voz eminente da burguesia em ascensão. A influência dos seus escritos é manifesta na redação da Constituição norte-americana de 1774 e na Declaração dos Direitos do Homem, da Revolução Francesa. Sua principal obra filosófica é o *Ensaio sobre o entendimento humano.* [N. do L.K.]

LUÍS-FELIPE (1773–1850) — Rei da França de 1830 a 1848. Filho do duque Louis-Phippe Joseph d'Orleans (Égalité). Pronunciou-se, juntamente com seu pai, a favor da Revolução, entrou na Guarda Nacional e aderiu ao Clube dos Jacobinos. Após a traição de Dumouriez, sob cujas ordens se achava, Luís Felipe, a despeito de não ter participado da conspiração contra a república, foi obrigado a deixar a França e reconciliou-se com os Bourbons. Após a abdicação de Carlos V, foi proclamado rei da França. Luís Felipe foi o tipo do rei burguês. Excelente pai de família, conseguiu defender habilmente seus interesses pessoais, em especial seus interesses materiais; tanto assim que fez registrar seus bens como propriedade da sua família, em vez de fazê-lo como propriedade do Estado. Seu reinado representa a dominação

BIOGRAFIAS DOS PRINCIPAIS PERSONAGENS CITADOS

acentuada da grande burguesia e, em particular, da alta finança, sob cujo regime a corrupção e a devassidão nas "altas esferas" da sociedade atingiram seu ponto culminante. Após a Revolução de Fevereiro de 1848, refugiou-se na Inglaterra, onde morreu, em 1850 no castelo de Claremont (perto de Windsor).

Magnan, Beenard-Pierre (1791–1855) — General, serviu nos exércitos de Napoleão I e se distinguiu depois na Argélia. Quando da insurreição operária de Lyon (1831), foi destituído por não ter interferido com suficiente energia contra os operários, e se pôs a serviço da Bélgica. Em 1839, voltou à França e participou da repressão ao movimento operário em Lille e Roubaix. Comprometeu-se por sua participação na expedição a Boulogne de Luís Napoleão, mas foi perdoado. Durante as jornadas de junho de 1848, acorreu, à frente de sua divisão, em socorro do general Cavaignac, em Paris. Mais tarde, participou da repressão da insurreição de Lyon, que se seguiu à de Paris de 23 de junho de 1848. É por isto que Marx o chamou de "vencedor de Lyon". Em julho de 1849, foi eleito membro da Assembleia Legislativa. Partidário de Luís Bonaparte, foi nomeado, em 1851, comandante da guarnição de Paris. Por ocasião do golpe de Estado de 2 de dezembro, reprimiu, com seu exército, o movimento que eclodiu em Paris, em consequência do golpe. É por isto que Marx o chama, igualmente, de o "herói das jornadas de dezembro". Pouco depois, Magnan obteve o título de marechal e um assento no Senado.

Malleville, Léon de (nascido em 1802) — Membro da Câmara dos Deputados sob a Monarquia de Julho, partidário de Thiers. Foi, depois, membro da Assembleia Constituinte, na qual se ligou aos orleanistas.

Marrast, Armand (1801–1852) — Publicista e político. Militou na oposição liberal durante a Restauração, tomou parte na revolução de 1830 e participou do movimento republicano sob a Monarquia de Julho. Após 1830, dirigiu O *Nacional*, jornal dos republicanos burgueses. Membro do governo provisório em fevereiro de 1848. No dia 6 de maio de 1848, sendo prefeito de Paris, opôs-se às medidas demo-

O DEZOITO DE BRUMÁRIO

cráticas. Deputado à Assembleia Constituinte, associou-se à política de repressão que se seguiu às jornadas de junho. Retirou-se da vida política após seu insucesso nas eleições para a Assembleia Legislativa.

MAUGUIN, François (1785–1854) — Advogado e orador célebre. Durante a Restauração, foi membro da Câmara dos Deputados e da oposição liberal. Membro do governo provisório durante a Revolução de Julho de 1830. Foi, depois, membro da Câmara, onde igualmente se ligou à oposição, e membro da Assembleia Constituinte e da Legislativa.

MAUPAS, Charlemagne-Emile (1817–1888) — Bonapartista. Esteve à frente dos departamentos de Alier e da Haute-Garonne (1850); neste último, deu provas da maior energia em relação ao partido democrático. Quando Luís Napoleão preparava seu golpe de Estado, nomeou Maupas chefe de Polícia de Paris. Maupas participou ativamente do golpe de Estado. Tornou-se, mais tarde, ministro da Polícia (janeiro de 1852-junho de 1853).

MOLÉ, Louis-Mathieu, conde de (1781–1855) — Membro do Conselho de Estado sob o Império, ministro durante a Restauração, representou, sob a Monarquia de Julho, a política de centro-direita. Como membro da Assembleia Constituinte depois, da Legislativa, protestou contra o golpe de Estado de 2 de dezembro.

MONTALEMBERT, conde de (1810–1870) — Publicista e político, fundou, com Lamennais, o jornal *L'Avenir* (*O Porvir*), orgão do catolicismo liberal. Após a condenação de seu movimento pelo papa, aderiu a um catolicismo intransigente. Membro da Câmara dos Pares, sob a Monarquia de Julho, defendeu entranhadamente as doutrinas ultramontanas. Deputado à Assembleia Constituinte, depois à Legislativa, ligou-se a Luís Napoleão Bonaparte e aprovou o golpe de Estado de 2 de dezembro.

MORNY, Charles-Auguste, conde de (1811–1865) — Financista e político. Filho natural da rainha Hortênsia da Holanda, mulher de Luís Napoleão Bonaparte; foi adotado pelo conde de Momy, que não tinha filhos. De início, distinguiu-se no serviço militar (na Argélia);

BIOGRAFIAS DOS PRINCIPAIS PERSONAGENS CITADOS

mais tarde, tornou-se especulador na Bolsa e capitão da indústria. Foi eleito para a Câmara dos Deputados, na qual deu apoio a Guizot. Na II República, foi membro da Assembleia Legislativa e partidário de Luís Napoleão. Participou ativamente da preparação do golpe de Estado. Alphonse Daudet o descreve como o personagem Maurand no seu romance O *Nababo*.

NEUMEYER — General, comandante da primeira divisão e chefe do Estado-Maior do general Changarnier

NEY, Edgar (1812–1882) — Coronel, filho do célebre marechal Ney, auxiliar de campo do presidente Luís Napoleão. Foi enviado em missão especial a Roma, onde recebeu, no dia 18 de abril de 1851, a célebre carta de Luís Napoleão que provocou uma discussão na Assembleia Nacional e na qual Luís Napoleão exigia, como condição para o restabelecimento do poder do papa Pio X, a laicização da administração e a introdução do código de Napoleão (referente à separação entre a Igreja e o Estado). [N. do L.K.]

ORLÉANS, Hélene-Louise-Elisabeth de Mecklermbourg-Shwerin, duquesa de — Esposa do duque de Orléans, morto em 1842 e filho primogênito do rei Luís Filipe. Quando este renunciou ao trono em favor de seu neto, conde de Paris e filho da duquesa de Orléans, cabia a ela a regência durante a menoridade de seu filho. Assim, ela foi, com seus dois filhos, à Câmara dos Deputados. A proclamação da república, contudo, a obrigou a partir para o exílio com seus dois filhos.

OUDINOT, general (1791–1863) — Filho de um marechal de Napoleão, comandou o corpo expedicionário francês enviado contra a república romana. Eleito deputado à Assembleia Legislativa, opôs-se à política do príncipe-presidente, Luís Napoleão Bonaparte, e tentou organizar a resistência ao golpe de Estado.

PARIS, Louis-Philippe-Albert d'Orléans, conde de (1838–1894.) — Filho primogênito do duque Ferdinando de Orléans, neto do rei Luís Felipe, que renunciou ao trono em seu favor. Em seguida à proclamação da república, deixou a França com sua mãe, a duquesa de Orléans. Participou da Guerra

O DEZOITO DE BRUMÁRIO

da Secessão americana e da guerra franco-alemã. Em 1873, renunciou às suas pretensões ao trono da França em favor do conde de Chambord (Henrique V). Após a morte do conde de Chambord, em 1893, foi proclamado pelos realistas rei da França, sob o nome de Felipe VII.

PERROT, Benjamin-Pierre (1796–1865) — General. Após a destituição de Changamier, foi nomeado comandante da Guarda Nacional do Departamento do Sena.

PERSIGNY, Georges-Gilbert-Victor Fialin, conde de (1808–1872) — Político. Começou sua carreira no serviço militar, que abandonou após a Revolução de Julho. Participou do movimento saint-simonista. Mais tarde, tornou-se bonapartista e tomou parte ativa nas tentativas de golpes de Estado de Luís Napoleão em Estrasburgo e Boulogne. Após a Revolução de Fevereiro foi um dos organizadores mais zelosos do partido bonapartista. Membro da Assembleia Legislativa. Participou ativamente do golpe de Estado de 2 de dezembro.

PROUDHON, Pierre-Joseph (1809–1865) — Publicista, foi a encarnação do socialismo pequeno-burguês. Filho de um cervejeiro de Besançon, interrompeu seus estudos aos 19 anos e percorreu a França como tipógrafo. Bacharel em 1838, fixou-se em Paris. Em 1840, publicou *Que é a propriedade?*. Em 1842, foi processado por sua *Advertência aos proprietários*. Em 1846, publicou seu *Sistema das contradições econômicas, ou filosofia da miséria*, que suscitou a réplica de Marx, na *Miséria da filosofia*. Deputado à Assembleia Constituinte em 1848, foi redator de numerosas folhas e se aproximou de diversos partidos. Em março de 1849, foi condenado por um artigo a respeito da responsabilidade do príncipe-presidente. Proudhon se propunha "conciliar a burguesia e o proletariado, o capital e o salário".

RATEAU, Jean-Pierre Lamotte (1800–1887) — Deputado à Assembleia Constituinte em 1848. Favorável à política do príncipe-presidente Luís Napoleão Bonaparte, apresentou proposição segundo a qual a Constituinte, dando por terminada a sua missão, pronunciou sua dissolução e sua substituição por uma Assembleia Legislativa.

BIOGRAFIAS DOS PRINCIPAIS PERSONAGENS CITADOS

RÉMUSAT, Charles-François-Marie, conde de (1797–1875) — Escritor e político. Membro da Câmara dos Deputados na Monarquia de Julho. Partidário de Thiers. Membro da Assembleia Constituinte e da Legislativa. Após o golpe de Estado, foi um dos signatários do decreto sobre a introdução de medidas judiciárias contra Luís Napoleão Bonaparte. Passou algum tempo na emigração. Durante a III República, foi nomeado ministro do Exterior no gabinete de Thiers.

ROUHER, Eugène (1814–1894) — Advogado e político, membro da Assembleia Constituinte e da Assembleia Legislativa. Ministro da Justiça de 31 de outubro de 1849 a 26 de outubro de 1851. Após o golpe de Estado de 2 de dezembro, foi de novo nomeado ministro da Justiça. Exerceu tal influência sobre Napoleão III que chegou mesmo a ser cognominado de "vice-imperador". Após a queda de Napoleão III, emigrou para Londres, de onde, contudo, em breve retornou à França, onde se tornou o chefe do grupo bonapartista na Câmara.

SAINT-ARNAUD, Jacques Leroy de (1796–1854) — General. Serviu por longo tempo na Argélia. Foi nomeado em 1851 comandante da segunda divisão militar de Paris e, em 26 de outubro do mesmo ano, ministro da Guerra. Tomou parte extremamente ativa no golpe de Estado de 2 de dezembro. Sob o Império, foi nomeado marechal e participou da guerra da Crimeia, na qual morreu.

SAINT-BEUVE, Henri (1819–1855) — Industrial e proprietário fundiário do Departamento de Oise. Membro da Assembleia Constituinte e da Legislativa. Partidário do livre-cambismo. Adversário de Luís Napoleão.

SAINT-JEAN D'ANGÉLY, Regnault de (1794–1870) — General. Foi nomeado ministro da Guerra em 1851.

SAINT-PRIEST, Emmanuel-Louis de Guignard, visconde de (1805–1851) — Escritor e diplomata. Líder legitimista. Membro da Assembleia Constituinte.

SAUANDROUZE (1808–1867) — Industrial, membro da Assembleia Constituinte. Quando da repressão dos levantes consecutivos ao golpe de Estado de Luís Napoleão, sua casa foi consideravelmente danificada pelo fogo de artilharia.

O DEZOITO DE BRUMÁRIO

Salvandy, Narcise-Achille, conde de (1795–1856) — Historiador e político. Foi, em diversas ocasiões, ministro da Instrução Pública. Sob a Monarquia de Julho, foi encarregado de numerosas missões diplomáticas. Adversário entranhado da Revolução de Fevereiro de 1848. Orleanista, partidário da fusão dos dois ramos da casa dos Bourbons.

Schramm, Jean-Paul (1789–1864) — General, ministro da Guerra de outubro de 1850 a janeiro de 1851. Recusou-se a sancionar a destituição de Changarnier e apresentou sua demissão.

Sue, Eugène (1804–1857) — Romancista e socialista. Seus romances sociais mais conhecidos são: *Os mistérios de Paris, O judeu errante, Os mistérios do povo*. Foi eleito em 1850 à Assembleia Legislativa, na qual desempenhou papel de todo secundário.

Thiers, Adolphe (1797–1877) — Historiador, tornou-se conhecido durante a Restauração pela sua *História da Revolução Francesa*, que traduzia a opinião da burguesia liberal da época sobre a Revolução. Desempenhou papel ativo na preparação da revolução de 1830 e, depois, na ascensão do duque de Orléans ao trono. Foi personagem político de primeiro plano na Monarquia de Julho. Ministro do Interior e, depois, do Exterior, presidente do Conselho em 1836 e 1840, dirigiu a oposição de centro-esquerda de 1840 a 1848. Deputado à Assembleia Constituinte em 1848, foi um dos dirigentes do Partido da Ordem; por ódio ao movimento operário, favoreceu a candidatura do príncipe-presidente Luís Napoleão Bonaparte, a cuja política passou a se opor em seguida. Foi detido por ocasião do golpe de Estado e exilado. Retornou em 1852 e, deputado por Paris em 1863, ergueu-se contra a política de Napoleão III. Em fevereiro de 1871, foi eleito, pela Assembleia Nacional de Bordeaux, chefe do Poder Executivo. Reprimiu com máxima brutalidade a Comuna de Paris, em 1871.

Thorigny, Pierre-François Leuillon de (1798–1869) — Dirigiu, em 1834, o inquérito sobre a insurreição de abril, em Lyon. Foi nomeado ministro do Interior pouco antes do golpe de Estado.

BIOGRAFIAS DOS PRINCIPAIS PERSONAGENS CITADOS

Tocqueville, Alexis-Charles-Henri de (1805–1859) — Escritor, historiador e estadista. Desde 1839 foi membro da Câmara dos Deputados, na qual se ligou à esquerda constitucional. Votou contra o ministério Guizot e demonstrou o caráter inevitável de uma revolução democrática. Membro da Assembleia Constituinte e da Legislativa. Ministro do Exterior no gabinete Odilon Barrot. Adversário de Luís Napoleão. Relator na questão da revisão constitucional. Participou da resistência contra o golpe de Estado de 2 de dezembro. Foi detido, mas em breve libertado. Autor de *A democracia na América* (1835) e do célebre livro intitulado O *Antigo Regime e a Revolução* (1856).

Vaissé, Claude (1799–1864) — Político, ministro do Interior antes do golpe de Estado de 1851.

Vatimesnil, Antoine (1789–1860) — Político da época da Restauração.

Véron, Louis (1789–1867) — Publicista. Acumulou considerável fortuna como diretor da Ópera de Paris. Fundou, em 1835, o jornal *Le Constitutionnel*, que foi, de início, um orgão de Thiers. Após a eleição de Luís Napoleão à presidência (1843), pôs-se a seu serviço. Após o golpe de Estado, Véron foi eleito à Câmara na qualidade de candidato do governo. Balzac o eternizou, como o tipo do filisteu, em seu romance A *prima Bette*, sob os traços do personagem Crevel.

Vidal, François (1812–1872) — Socialista, secretário-geral da Comissão do Luxemburgo de 1848. Redigiu o relatório dessa comissão, em colaboração com Pecqueur. Foi eleito, em março de 1850, por Paris e Estrasburgo, à Assembleia Legislativa.

Vieyra — Coronel, chefe do Estado-Maior da Guarda Nacional. Após o movimento de 13 de junho de 1849, pôs-se à frente dos membros da Guarda Nacional que aplicaram o decreto interditando os jornais democráticos e destruindo suas instalações. Vieyra tomou parte ativa no golpe de Estado de Luís Napoleão Bonaparte.

Yon — Comissário de Polícia da Assembleia Nacional.

O texto deste livro foi composto em
Garamond Pro, em corpo 12/15,7.

A impressão se deu sobre papel off-white
pelo Sistema Cameron da Divisão Gráfica
da Distribuidora Record.